日経文庫
NIKKEI BUNKO

BCGの育つ力・育てる力

木村亮示・木山 聡

日本経済新聞出版

プロローグ

BCGの成長の「秘伝のたれ」

「人」の悩み――なぜ成長が難しくなったか

人がいない――。

経営者の方々と議論しているなかで、何度となく耳にする一言だ。もちろん、実際に優秀な人材がいないわけではない。

どの会社においても、不振事業を立て直す、新規事業を立ち上げる、提携をまとめ上げる、着実に事業を運営していく、そういった実績を誇り、能力と人格を兼ね備えた素晴らしいリーダーは存在する。

しかし、経営者の言葉を借りるならば「絶対的に数が足りない」のである。事業環境が厳しさを増し、また経営の複雑性が増すなかで、戦力になる人材に対するニーズは量・質の両面でかつてなく高まっている。

次によく聞くのが、「次の世代・次の次の世代の成長を加速化したい」という悩みだ。

バブル崩壊後10年程度の間、採用を絞った企業も多く、40代後半から50代前半の世代は絶対数が少ない。加えて、一般論としてはそのひとつ上の世代の人材の層が厚いことから、組織マネジメントの経験をあまり積めていないケースも多い。

また、ビジネスコミュニケーションの中心がデジタル（メール、Ｃｈａｔ、Ｗｅｂ会議など）になった結果、組織内の情報の流れも変化している。大量の情報がリアルタイムにマネジメント層に届くことから、トップにすべての案件が集中。風通しが良くなって意思決定が速くなるという利点の裏で、部下の情報処理能力、判断力が鍛えられないという状態が長年放置されてしまっているケースも散見される。


それに拍車をかけるのが、昨今の事業環境の厳しさだ。右肩上がりの時代の終わりとともに、従来以上に短期での成果を出す難易度が高まっている。マネジャーの多くは、部下の育成に時間を使うよりも、自分が直接業務を遂行したほうが速く、また確実に成果が出るという状況に直面している。

結果、部下が育たず自分が抱え込む仕事は増える一方となり、「成果と育成のトレードオフをどう解消するか」という悩みを抱えつつ、結局育成が犠牲になっている。

そのような世のなかの流れの結果、「BCGと仕事をする最大のメリットは、自社のメンバーが成長することだ」というコメントを経営陣からいただくこともある。

「プロジェクトを通じてBCGメンバー1名につき自社の若手を5名つけるので刺激を与えて鍛えてほしい」

「戦略の骨格はもう存在する。BCGには、戦略の磨き込みと、その戦略を遂行できる組織づくりを頼みたい」

いずれも実際のクライアントからいただいたコメントだ。

そして、最後に聞かれるのが、この質問である。

「一体全体、BCGではどうやって人を育てているのか」

BCGが熟成させてきた「秘伝のたれ」

ボストン コンサルティング グループ（BCG）には毎年多くの新しい仲間が入社してくる。

大学院・大学から直接BCGに入社してくるいわゆる新卒採用や、国内外のMBAからの採用に加えて、実は中途採用として他社から転職してくるケースが意外と多い。

銀行や商社、メーカーなどの事業会社からの転職はもちろんのこと、近年は、医師、弁護士、会計士などの専門職、デジタルテクノロジーのバックグラウンドを持つ転職者も相当数に上る。

前職で実績をあげてきた人も多いとはいえ、まだまだ若手（〜せいぜい中堅）と言われる世代が中心だ。当然ながら、BCGに転職してきた初日には、〝一流のコンサルタント〟にはかなりの距離がある状況だ。

それでも、コンサルタントに期待される成長スピードはきわめて速い（し、多くのコンサルタントがその期待に応えている）。

入社1年経つと中堅、2年経つとベテラン。3年経つ頃には一段上のポジションでの仕事にチャレンジすることが求められる。

他方で、クライアント企業側はというと、重要な案件ということで「選ばれし精鋭部隊」であったり「百戦錬磨の現場のたたき上げ」であったりすることが多い。

ＢＣＧチームとクライアントチームの平均年齢に10～15歳くらいの差があることは日常茶飯事。こちら側の１人ひとりが相応のパフォーマンスを上げないと厳しい叱責を受けることになる。

さらに、長期でお付き合いするクライアントが多いことから、新メンバーは常にこれまでのメンバーと比較されるという壁も乗り越えなければならない。

このように、ＢＣＧでは、人材育成を考えるうえでの固有のハードルとして次の３つが存在する。

①そもそも取り組むテーマの難易度がきわめて高い
②人材のバックグラウンドが多様である
③求められる育成・成長スピードが非常に速い

当然のことながら、このハードルを乗り越えなければ、コンサルティングファームとしての存在意義が問われることになる。結果、人材育成のノウハウとして、「多様な人材を〝超高速〟で戦力化する技術」が徹底的に磨かれることになる。

では、「多様な人材を超高速で戦力化する技術」とは何なのか。それこそが、BCGの「秘伝のたれ」とも呼べるものだ。

よくある誤解が、コンサルタントとして戦力になることと、いわゆる「ハウツー」系のハードスキルを身につけることとの混同だ。

「コンサルタントのノウハウ」=「スキル」という誤解

エクセルや各種ツールを使った分析、ロジカルシンキング、簡潔な資料のまとめ方、プレゼンテーションスキル、ネゴシエーションスキル、グラフィカルな表現の仕方……。

書店のビジネス書コーナーには、現役もしくは元コンサルタントが書いた多くの「ハウツー本」が山積みになっている。MBAプログラムでも提供されるこれらのハウツースキルには実践的なものが多く、ビジネスパーソンとしてのパフォーマンスを引き上げていくうえでの「即効薬」としての期待も高い。

ファームによる程度の差はあれ、コンサルティング会社でこれらのハウツーのトレーニングが充実しているのは事実だ。ビジネスにおける「読み書きそろばん」として、初期に基礎スキルを徹底的にたたき込まれるのである。

ただし、これらのスキルは所詮、必要条件にすぎない。


ビジネス・パフォーマンスを上げていくには、これらのスキルとは別にＢＣＧが重視している「十分条件」とも言える能力が存在する。具体例を挙げれば「必要な問題を正しく設定し、それを解く能力」「結論に基づいて人に動いてもらう能力」などが該当する。

これらの能力についてはこれまであまりオープンにしてこなかった。

したがってその「十分条件」をどうやって身につけることができるのか、という成長の「秘伝のたれ」について言語化を試みるのは本書が初めてとなる。

２０１５年に、当時の日本経済新聞出版社の野澤靖宏さん、赤木裕介さんに、こうしたことを書籍にまとめれば、多くのビジネスパーソンや組織にも参考になるのでは、というアイデアをいただき、言語化に挑戦することとなった。

本書について

本書は次に示すような5章構成となっている。

第1章：スキルを集めるだけでは成長しない
　成長の方程式①　マインドセット（基本姿勢）＋スキル
第2章：どうすれば「伸び悩み」を突破できるのか
　成長の方程式②　正しい目標設定＋正しい自己認識
第3章：成長を加速させる鉄則
第4章：「育成」を仕組み化～自動化する
第5章：育てる人も育つには

第1章と第2章では、BCGの人材育成のベースにある2つの考え方を紹介する。これが前述の「十分条件」を身につけるためのベースと考えていただければよいだろう。

そのうえで、「秘伝のたれ」に該当する、成長が必要なメンバーの視点でできること（第

3章）、育成するマネジャーと組織の視点でできること（第4章）を具体的に紹介したい。

さらに、日経文庫での再出版にあたり加筆した第5章では、「育てる側」にあたるミドル層自身が、経営幹部へとどう育っていくのかという、「育つ側」として考えるべきことについて述べる。

そして最後に、単行本刊行後10年近くの間に起きた働く環境の変化が「育て方／育ち方」の方法論に与える影響について巻末にある「補論としての巻末付録」で考察している。


本書の共著者である木村と木山は、いずれもBCGに2000年代初頭に中途採用で入社した。その後、自身もコンサルタントとして多くの壁にぶつかりながらも、その時々のクライアントやマネジャーに「育てられ」、成長を重ねてきた（現在も発展途上であり日々壁にぶつかっている）。

ここ数年は、BCGの若手コンサルティング・スタッフの人材育成責任者として、若手を「育てる」側としても試行錯誤を繰り返す毎日だ（単行本出版当時。2024年現在は、木村はBCGアジア太平洋地域の人材育成責任者、木山はBCGジャパンにおける人事管理を担当している）。

2人の共通の価値観は、「人は本当に素晴らしい可能性を持っている」というもの。

ＢＣＧで働くなかで、多くのクライアント企業でリーダーが生まれ育っていく姿を目撃し、ＢＣＧ社内でも何人もの若手メンバーが一皮むけて活躍するようになるのを見て、この思いは確信に変わりつつある。

また、「アプレンティスシップ」と呼ばれる日本語でいう徒弟制に近い、ＢＣＧの育成のやり方の有効性も実感している。

本書はこれまでの木村と木山の「育てられる側」と「育てる側」の両方の経験をもとに、ＢＣＧにおける人材育成の考え方と実践方法をまとめたものである。

ただし、初めに断っておくと、本書には「特定の能力」を身につけるための特効薬は書いていない。

書いてあるのは、各人の持つ可能性を解放するための姿勢であり、日々の方法論である。

わかりやすくするために物事をやや単純化している点はあるが、ぜひ最後まで読んでいただき、日々の仕事に活かしていただけることを願っている。

読者の皆様が「育てられ上手」「育て上手」になることで、所属組織のパフォーマンスが向上し、またそのなかで働く1人ひとりの人生が充実することに、この本が何らかの形でお役に立てばこれ以上の喜びはない。

ボストン コンサルティング グループ
マネージング・ディレクター&シニア・パートナー　木村　亮示
木山　聡

日経文庫版刊行によせて

拙著『BCGの特訓（今回、〝BCGの育つ力・育てる力〟に改題）』を2015年に刊行して早10年弱が経過し、この度、原著を一部加筆・改訂し、日経文庫から出版することになった。

これも多くの方々が読んでくださったおかげであると感謝申し上げる。

著者らは、本版の刊行にあたり改めて原著の内容を振り返ったが、この10年の環境変化を踏まえても、本書が伝えたい人材育成の基本・本質は変わっていないと再認識できた。したがって、原著の内容に関しては、古くなった事例などのアップデート以外の改訂は行わなかった。

とはいえ、10年が経過して、必要な人材像・人材層や育成の方法論において新たに考慮すべき点は生じており、読者にとって参考になるであろう2つの論考を加えた。

1つは、育てる側であるマネジャー自身の経営幹部への成長についてであり、第5章として新たに1章分加えた。

背景には、多くの日本企業が2000年前後の約10年間（いわゆる〝就職氷河期〟）に新規採用を絞ったことがある。その結果、10年前には30代半ば〜40代半ばのミドルマネジャー層が不足していたが、10年経った現在は40代半ば〜50代半ばのシニアマネジャー層の不足が顕著になっている。

実際に、著者らが普段やりとりしている経営者の方々からも、「ミドル層に、できるだけ早く力強い経営幹部に成長してもらいたい」という話を聞くことが増えている。このことは現在のミドル層にとっては可能性が大きいということを示している。

加筆した章では、原著においては「育てる側」として位置づけられたミドル層自身が、経営幹部にどう育っていくのか、という「育つ側」として考えるべきことについて述べている。


もう1つは、この10年の働く環境の変化が、育て方／育ち方の「方法論」に与える影響についての補論であり、巻末付録として今回加筆した。

この10年の間で働く環境はさまざまな面で変化してきた。本書では、そのなかから以下の４つの働く環境の変化を取り上げる。これらの変化により、育てる側／育つ側の双方が「個人として」意識すべきことが生じている。また、場合によっては「企業として」の育成環境を見直すことも必要だろう。

①時短化
（法的だけではなく社内的にも）労働時間規制の厳格化、ワークライフバランス（ＷＬＢ）重視の潮流などから仕事に使える時間は限定的になっている。
②リモートワークの浸透
コロナ禍の時期に一気に浸透が進んだリモートワーク。揺り戻しはあるものの大・中堅企業、都市部を中心にコロナ禍前より高いレベルで定着している。
③人材の多様性の広がり
国籍、ジェンダー、専門人材など働く人々の多様化は進み続けている（今、そうでない企業においても将来に向けて進んでいくことが予想される）。
④デジタル／ＡＩの進化と普及
仕事の現場において、不可逆的な流れとしてさまざまな技術の導入が加速している。

補論となる巻末付録では、これらの変化を簡単に紹介したうえで、育つ側、育てる側の両方が実現可能な工夫について述べている（いずれも、複雑なテーマをかなり単純化しており、かつ問題提起にとどまっていることはご了解願いたい）。

著者らも、この10年の間、新しい環境に戸惑いながらも、「人の素晴らしい可能性」を信じつつ、人材育成に取り組んできた。

本書が、読者の皆様にとって人材育成の基本／本質を振り返りつつ、環境変化への対応に役立つものになれば大変うれしく思う。

ボストン コンサルティング グループ
マネージング・ディレクター＆シニア・パートナー　木村　亮示
木山　聡

目次

第1部

成長のための2つの方程式

第1章

スキルを集めるだけでは成長しない

第2章

どうすれば「伸び悩み」を突破できるのか

第2部 育つ人、育てる人

第3章 成長を加速させる鉄則

第4章 「育成」を仕組み化～自動化する

第1部

成長のための2つの方程式

第1章

スキルを集めるだけでは成長しない

成長の方程式❶ マインドセット（基本姿勢）＋スキル

人には1人ひとり個性があるうえに、新卒にしろ、中途採用にしろ、BCGのような組織ではメンバーそれぞれのバックグラウンドも多様である。入社後、経験するプロジェクトの内容・性質、クライアントの状況や組織文化、一緒に働くマネジャーやメンバーなど、経験する環境もさまざまだ。そのため、成長の過程は1人ひとり大きく異なる。

しかし、多くのスタッフと接し、深く対話するなかでわかってきたことがある。

個々のメンバーの背景や置かれた状況は異なるのに、成長のボトルネックをたどると、ある共通の要因が見つかることが多いのだ。そのポイントに本人が気づき、納得すれば、たいていの場合、〝一皮むけ〟、生き生きと伸びていく。

育成する側は、そうした気づきを促す手助けができれば、スタッフの成長への突破口を開くことができる。これから紹介する、BCGの人材育成における2つの方程式は、こうした経験の蓄積を通して導き出された成長・育成の大原則のようなものである。

本章では、2つの方程式の1つ目、「**マインドセット（基本姿勢）＋スキル**」について述べる。まず、この方程式の背後にある、よく見られるボトルネックに対する著者らの観察と分析を紹介しよう。

この観察と分析から浮き彫りになったのは、スキルの「使い方」、そして、何にも増して、マインドセットの重要性だった。それを踏まえ、後半では〝他人の答え〟で仕事をする「フォロワー」を脱し、〝自分の答え〟で仕事をする「リーダー」になるために、どんなマインドセットが必要で、どうしたらそういうマインドセットへ変えられるのかを考えていく。

これから取り上げる現象は、コンサルティングに限らず多くの業界の組織で、育つ側、育てる側、双方の方々にとって思い当たるところがあるのではないかと思う。

周りにいませんか、スキルマニア

スキルマニアの2タイプ――コレクション型・突き詰め型

常に本を読んでいたり、会社の帰りや週末にはスクールやセミナーに通ったりして熱心に勉強。いつも忙しそうで残業も多い……。

一見仕事がデキそうに見えるのだが、仕事量はともかく、実際一緒に働いてみると、成果のアウトプットに対する貢献度は低い――そうした人は〝スキルマニア〟である可能性が高い。

こうしたスキルマニアには、よく見られるタイプ、傾向がある（図1－1）。

1つは、本を読んだり、セミナーに出たりするだけで身につけられるノウハウを「集める」ことに注力するタイプである。

もう1つは、自分の関心のある特定のスキルのみとことん追求して磨いているタイプ。たとえばデータベースソフトに詳しく、複雑なデータベースを作ることができる、といったような人だ。

前者は〝**コレクション型スキルマニア**〟とでも呼べばよいだろうか。

エクセルやパワーポイントなどのビジネス基本ソフトの使い方や、統計、財務、プログラミング、プレゼンテーションなどの具体的なスキル、さらには簿記、ファイナンシャルプランナーなどの資格、マーケティング分析手法や速読法などを次々と学んでいく。身につけたスキルを目に見える形でリスト化できるため、本人としては達成感なり、満足感を得ることはできる。必要に応じて履歴書などに習得したスキルを書き連ねることもできる。

スキルマニアの2つのタイプ
図1－1

コレクション型

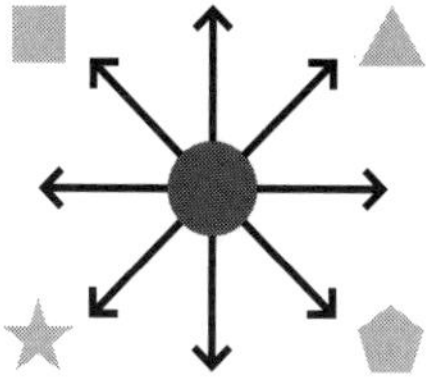

☑ MOS マスター
☑ 簿記○級取得
☑ 英検○級取得
☑ プレゼン講習受講
☑ 自己開発セミナー参加
⋮

突き詰め型

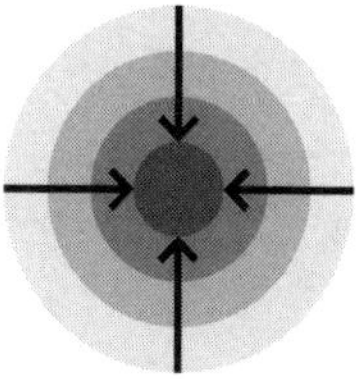

☑ Excel
・Excel 入門
・Excel VBAプログラミング
・Excel 完全分析
・Excel 関数3級

しかしながら、そのスキルが仕事で有効に活かされているか、というとそうでもなく、スキルリストがあるだけにとどまっている場合も多い。

一方、後者は言うなれば〝突き詰め型スキルマニア〟。

特定のスキルにおいては余人をもっては代えがたいという存在になり、周りからは重宝され、誰かの役に立つことができるため、これもある種の満足は生まれるだろう。

しかし、「いつ」「どこで」「何が必要か」を自分で判断することをせず、毎回、人の依頼を受けて作業を請け負う、いわば「便利屋」のように使われてしまうことも多い。

加えて、「成果への貢献≒本質的な成長」という視点で見てみると、コレクション型、突き詰め型、いずれのタイプにも大きな疑問符がついてしまう。

とにかく不足を埋めたいチェックボックス・メンタリティ

若い人、特にビジネスにおける経験が浅い人ほど、スキルに依存する傾向が強い。履歴書に書けるようなわかりやすいスキルを増やすことに、自分の成長を投影してしまうのだ。

その結果として、「スキルを身につけること＝成長」だと勘違いしてしまう。

何か仕事でうまくいかなかった場合、その理由を、「プレゼンテーションのスキルが足りなかった」「論理的思考力が欠けていた」「財務分析能力が弱かった」など、わかりやすい「何か」のスキルの欠如に求めてしまう。「このスキルが足りなかったために、うまくいかなかった」と、物事の因果関係がリニア（直線的）につながっていると考えてしまう傾向が強いのだ。

そして、次の失敗を回避するために、彼ら・彼女らは、プレゼンテーションや論理的思考、財務分析などに関する本を読んだり、セミナーに参加したりと、自分に不足していると思うスキルを強化しようとする。

こうして、チェックボックスを埋めるように、足りない（と思う）スキルをコレクションしたり、スキルを究めたりしようとするのが、スキルマニアだ。

うまくいかなかった理由の分析は必要だし、特定のスキルの不足は、失敗の要因の1つではあるかもしれない。しかしながら、著者らの経験では、特定のスキルが足りなかったことだけが、うまくいかない理由になることなど、ほとんどない。

逆に、特定のスキルを得たからといって、それだけで成功・成長できるほどにビジネスというものは甘くはない。結局は、いろいろ試行錯誤を繰り返し、結果的にうまくいったものが正解だし、そうしたプロセスを経ながら結果を出していくほうが次に活かせる学びも大きいのだ。

つまり、ビジネスにおける物事の因果関係はもっと複雑で、「AだったからBになった」「CがなかったからDができなかった」などと単純化はできない。さまざまな要因が複雑に絡み合って、何かの結果が生まれているのである。

このあたりの認識がズレていることが、成長に向けては大きな障壁になる。

〝優等生〟ほど陥りがちな罠

スキルマニアの罠には、学生時代に〝優等生〟だったタイプが陥りやすい。

学校での勉強、たとえば入学試験では、「不合格」となる理由は点数が足りないからだし、それはたとえば、「英語のリスニングが弱いから」とか「物理の点数が低いから」など、原因も明らかだ。

「点数が低い」→「特に国語の長文読解が平均点に満たない」→「国語の長文読解を強化しよう」といった具合に、欠けた部分を強化し補えば成績は上がる。

こうした受験勉強的な考え方を仕事にも適用すれば、「足りないところを塗りつぶしていけば、最終的には絵が完成し、仕事ができるようになる」という幻想を持つようになってしまう。そして仕事ができない理由、あるいは仕事で評価されない理由をスキルの欠如に求め、さらにスキルを収集・追求するスキルマニアになってしまうのだ。

スキルマニアは、「欠如」したものを埋めていくという「足す」発想にとらわれている。しかし、それでできあがるのは、無計画に増築を繰り返したリフォーム建築物と同じだ。無駄なスペースがあったり、複雑になりすぎて人が迷ってしまったりする。シンプルで調和のとれた、使いやすい建物にはならない。

スキルを増やすことや個別のスキルを究めることは、必ずしも「成長」ではない。

それは単なる〝型〟や〝術〟の習得にすぎない。

新入社員やごく若手の頃は、スキルの習得によってチームや会社に貢献できるようになるため、それを成長と捉えてもよい。しかし、それで通用するのは最初のほんの数年間のことでしかない。

いつまでもスキルの収集・習得にばかり着目しているのでは、スキルマニアから抜け出せないし、本当の意味での成長と言える、成果への貢献度合いを上げることにはつながらないのである。

「守」から離れられない人

誤解のないように言っておくと、スキル（〝型〟や〝術〟）を身につけること自体は悪いことではなく、むしろ必要なことである。

日本の伝統的な武道や芸道などには、その「道」を究めるうえでたどる段階を表す「守破離」という言葉がある。その第一歩は「守」である。これは、基本を守って、学んだ通りの型を習得する段階を示している。

つまり、最初は〝型〟を学ぶことが重要なのは間違いない。これは、仕事においても最初の数年はスキルの習得に意味があるということと合致する。

「守」の段階を過ぎると、次は「破」「離」と進んでいく必要がある。

「破」は、学んだ型を基本として、自分で考えた「いいもの」を取り入れ発展させること。そして「離」では、自分自身の型を作り出すことを示している。

しかしながら、チェックボックス・メンタリティにとらわれたスキルマニアは、最初の「守」にとどまってしまう。

いくらスキルの数を増やしても、結局は「守」の域から出られないからだ。

成長を加速させる2つの要件

スキルは集めるよりも「使い方」が重要

繰り返しになるが、誤解しないでほしいのは、「スキルはまったく不要で役に立たない」と言っているわけではないことだ。スキルは必要ではあるが、個別のスキルを揃えること「だけ」を追求しても、成長し続けられる人にはなれない、と認識していただきたい。

では、スキルマニアを脱して、成長し続けられる人になるには何が必要なのだろうか。継続的な成長を実現させるためには、個別スキルの習得を超えて、大きく2つの要件が求められる。

1つ目の要件は、スキルの「使い方」を身につけることだ。

ビジネスの現場でもっとも重要なのは、次々に発生するさまざまな課題に対してスピーディに対応していくことだ。1つひとつのスキルを究めることは重要だが、残念ながら、特定のスキルだけで対応できる課題は非常に少ない。また、場合によっては、自分が身につけたスキルを使おうとこだわるあまり、実務対応の障害になることすらある。

中途採用のコンサルタントの場合、入社半年くらい経つと、分析やスライドライティング（プレゼンなどで使用するスライドの作成）のスキルが一定の水準に到達するのが一般的だ。

今までできなかったことができるようになると、自分が新たに身につけたスキルを何かと利用したくなる。ところが、その結果は必ずしもサクセスストーリーになるわけではない。

「非常に精緻な分析アプローチで対応しようとして、意思決定のスピードが犠牲になる」「誠意と情熱で納得してもらうべき話を、理詰めで説明しようとして失敗する」など、冗談のような話が現実に起こるのだ。

どのようなスキルであっても、いつ、どのような形で使うべきかを判断する力がなければ成果にはつながらない。

球種を増やし、球速を追求するだけでは勝てない

個別スキルの習得は重要だが、その「使い方」を知らなければ結局のところ成果にはつながらない。日常生活では当たり前のことが、なぜかビジネスという文脈では、意外と意識されていないことが多い。

スポーツの話で考えるとわかりやすい。野球のピッチャーを例にとってみよう。

先に紹介した〝コレクション型スキルマニア〟は、言うなれば、球種を増やすことに血道をあげているピッチャーである。一方、〝突き詰め型スキルマニア〟は、ストレートの速度にのみこだわり続けるタイプ。このようにたとえれば、わかりやすいだろうか。

そして、「スキルの使い方を身につける」に相当するのは、「アウトが取れる投球術を身につける」ことだ。もちろん、ピッチャーとしての勝率を上げていくうえで、球種が多いに越したことはないし、ストレートも速いに越したことはない。

しかしながら、どんなに球種を増やし、球速を高めても、状況判断力をしっかり磨かなければ勝利することはできないだろう。

前回の対戦時の組み立て、相手バッターの調子・体調や怪我の有無、得意・不得意な球

種、出塁者の有無、守備陣の実力や調子、バッターやランナーの足の速さ、ボールカウント……。野球には決して詳しくないが、それでも優れたピッチャーが多くの情報を考慮に入れながらピッチングを組み立てていることは容易に想像できる。

多くの球種を身につけたからといって、すべての球種を繰り出すことにこだわっていては勝てないし、どんな状況でもストレート一本でごり押しというのではやはり高い勝率は期待できないだろう。

野球では、キャッチャーのサインで投球を組み立てることもあるが、それでも一流のピッチャーであれば、同じ球種でも微妙にニュアンスを変えたり、球速をコントロールするなど、対戦相手や状況によって投げ方を自分自身で考えているはずだ。

手にしたスキルを「使わない」という選択

このピッチングの組み立てと同じことが、ビジネスシーンにおいても求められる。

プレゼンテーションスキルがどれほど素晴らしくても、相手の話を徹底的に聞くことが重要な局面もあるだろう。英語に堪能であっても、あえて通訳を入れて日本語で会話をしたほうがよい局面もありうる。3Cや4Pといった、いわゆる分析のフレームワークを知っていても、あえてそういう枠組みを持ち出すべきではない局面も存在する。

スキルを身につけると、どうしてもTPOにかかわらず身につけたスキルを使いたくなるものだ。

スキルの「使い方」を身につけるというのは、まずTPOをしっかりと認識し、それを踏まえて、どのようなアプローチが有効かを考えるということだ。そのうえで、身につけたスキルが活かせるなら使えばよいし、活かせそうにないなら、持っているスキルを披露したいという衝動を抑えなければならない。

スキルそのものを身につけるのはむしろ簡単だろう。しかし、スキルの「使い方」を磨くのは簡単ではない。なぜなら、どんなスキルをどのような場面でどのように使うかは、人から学んで習得できるものではなく、ひたすら場を経験することで実践を重ね、磨いていくしかないからだ。

そこで重要になるのが、2つ目の要件である「マインドセット（基本姿勢）」である。

マインドセットができていないと、個別のスキルを磨いてもその使い方を磨くことができない。だから成長につながらない。

パフォーマンスに必要なもの
図1－2

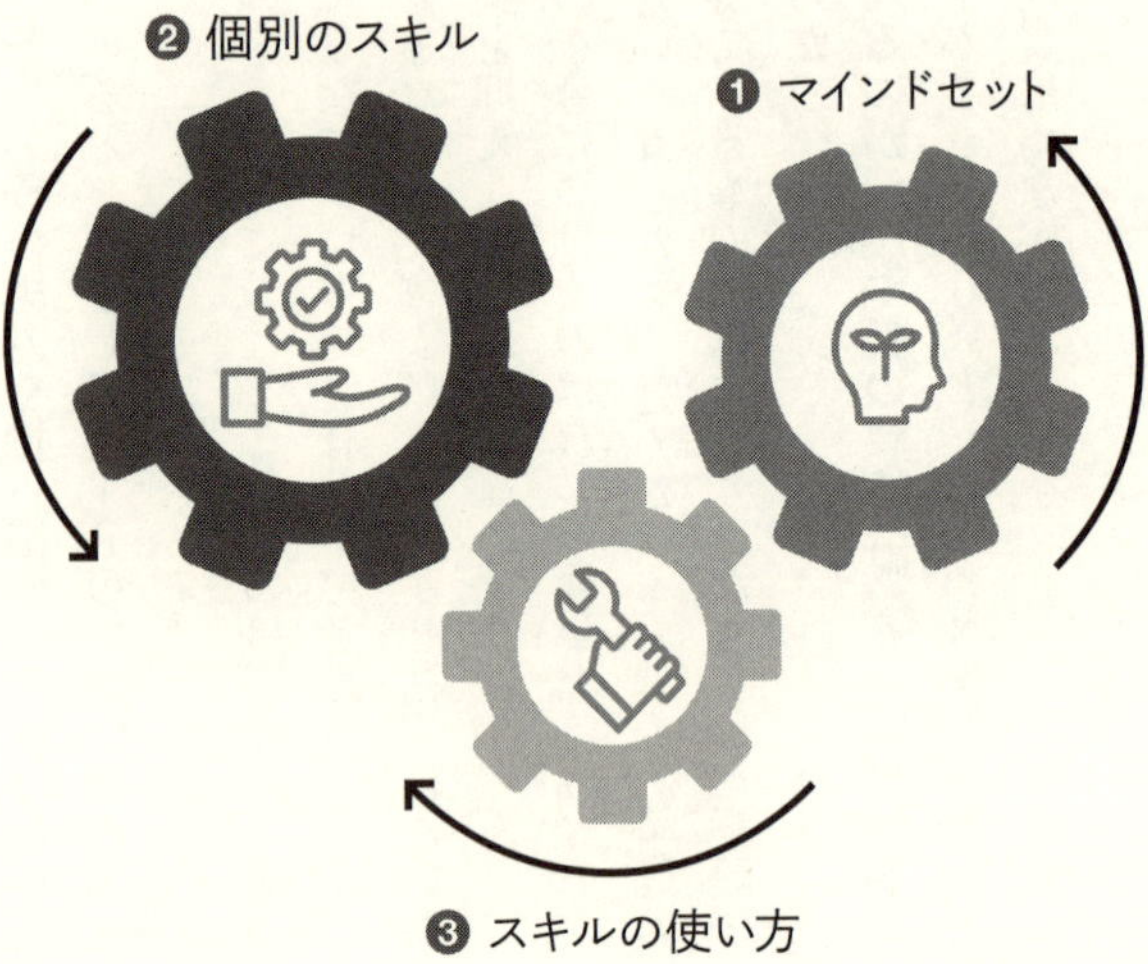

①しっかりとした、土台となるマインドセットを持ったうえで、②個別のスキルを習得し、③そのスキルの使い方を磨く——。

この3つをセットで強化することが、これからも成長できる、成長し続けられる人になるために重要なのである（図1－2）。

3つのマインドセット

なぜマインドセットが重要なのか

先に学校の優等生タイプほどチェックボックス・メンタリティに陥り、スキルをコレクションする方向に目がいきがちだと書いたが、その原因は受験勉強的なメンタリティだけではない。スキルの習得に集中するほうが、わかりやすいしスマートに見えるからだろう。

前節で説明した成長を加速し持続するための3つの要件、①マインドセットを持つこと、②個別のスキルを習得すること、③スキルの使い方を磨くことのうち、スキルの使い方を磨くプロセスは、個別スキルを習得することに比べて泥臭いし、どれだけ頑張れば成果が出るのかもわかりにくい。

ましてやマインドセットと言われても、それがどんなものか、はっきりしないし、目に見える成果に直結しているようには思えないだろう。

しかし、だからこそマインドセットが重要だと言えるのだ。

ビジネスパーソンはどの企業でも、働くにつれて求められる役割が変化する。あわせて、求められるパフォーマンスの質も変化する。

新入社員に（特に日本企業において）求められるのは、作業者としてのパフォーマンスが中心であることが多く、この頃はリーダーについていく〝フォロワー〟だ。

スキルだけで貢献できるのは、この段階のみと言っていい。主にリーダーから与えられた指示に従って仕事（作業）をするので、スキルを習得して作業効率があがることが成長となる。

しかし、スキルマニアの人たちは、そのまま一生「作業屋」、あるいはフォロワーであり続けたいのだろうか。

他人の答えで仕事をするフォロワーから、自分の答えで仕事をするリーダーになりたいのであれば、ひとつ壁を越えなくてはならない。

そして、その壁を越えるために必要なのが、3つのマインドセットなのである。

それぞれ詳しく見ていこう（図1－3）。

他者への貢献に対する強い想い――マインドセット①

非常に逆説的ではあるが、「成長したい」というのが主たる動機で仕事をしている人は、十分な成長が見られない傾向がある。

「成長したい」という想いの背景には、褒められたい、給料を上げたい、または、成長を実感して自分が満足したい、などの理由があり、主体はあくまでも「自分」だ。

しかし、**本来、成長は〝手段〟にすぎない**。成長が目的になると、壁に突き当たったときに乗り越えるための力が出ない。自分の成長は自分だけのものなので、自分があきらめてしまうとその頑張りが続かないからだ。

自己成長が好きな人は、プライドが高いことが多く、失敗し続けながらも挑戦を繰り返

成長に必要なマインドセットとは
図1－3

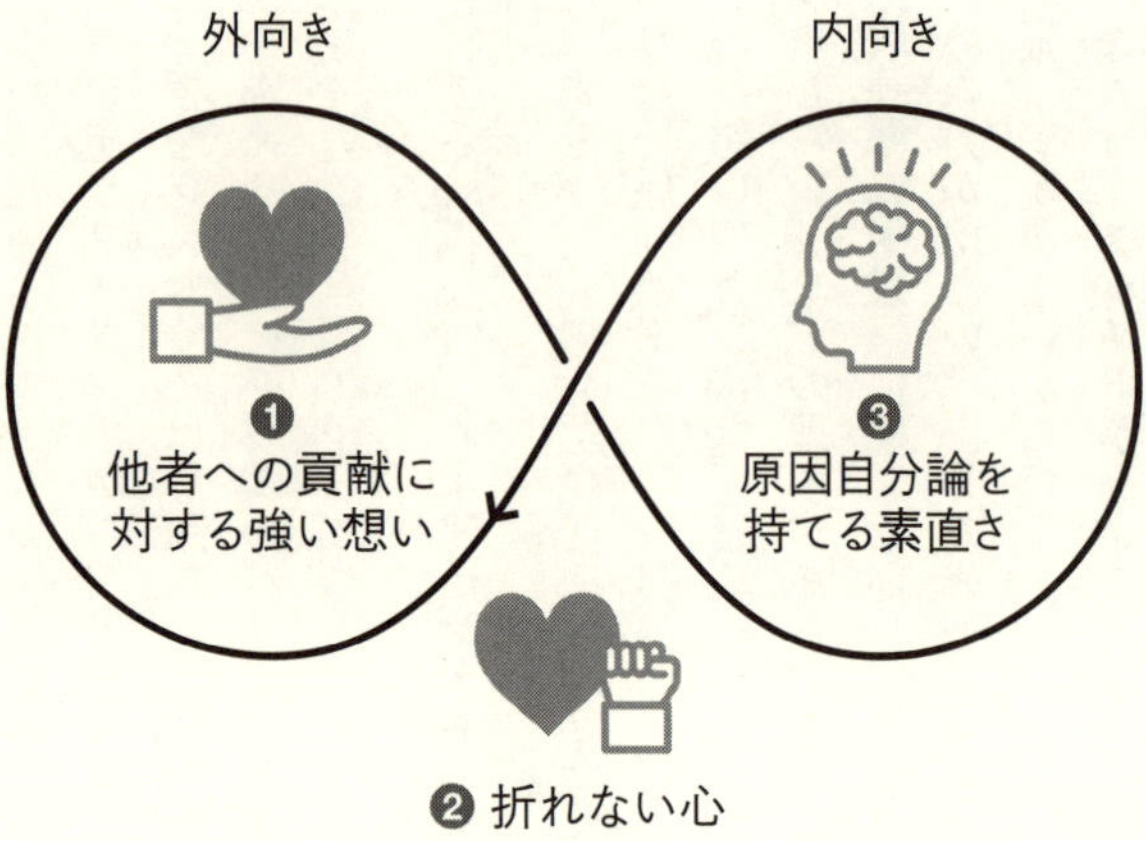

すという「泥臭いこと」を避けてしまいがちである。あともう少しの頑張りでブレークスルーなのに……というところであきらめてしまう。

一方、うまくクライアントの役に立てなかったときや十分な貢献ができなかったときに、「クライアントの役に立ちたい」「成果を出したい」「貢献をしたい」という気持ちが強い人ほど、自分自身の力の足りなさにいらだちを感じ、成長したいという想いを持つ。

こうした「クライアントの役に立てるようになるために成長したい」という気持ちが、一番強い成長の原動力になるのだ。

我々コンサルタントに持ち込まれる相談は、基本的に難しい話ばかりだ。クライアント単独で解決するのが難しいからこそ依頼を受ける。それなのに、一緒になってあきらめてしまっては意味がない。

正解が見えないなかで、何度もチャレンジをするのはとても苦しい。そうした苦しいときに、足を止めてしまうのか、それとも頑張れるのか。結局その違いは、「役に立ちたい」「成果を出したい」という気持ちがどれだけ強いかに尽きる。

何度もチャレンジを継続できる折れない心——マインドセット②

学校の勉強や資格試験であれば、過去の問題をある程度解けば、出題のパターンがわかるし、成功（合格）への近道も見えてくる。しかし、ビジネスではそうはいかない。存在するすべてのパターンを学ぶことはできないのだ。

前提条件はどんどん変化するし、そもそもどんな前提条件が存在しているかわからず、不安なまま走り出さなくてはならないことが多い。実地経験を積むことでしか学べないので、近道は存在しないのだ。「近道は存在しない」と認識するところがスタート地点だと言える。

「こっちの道を行けば近い」とわかっている経路ばかりを通ったり、「自分ならできる」とわかっていることだけをやったりしていては、成果につながらないばかりか、成長することなどできはしない。

できるかできないか不明な状況でも足を止めず、あきらめずにやってみないと、成長はできないのだ。

「不安だ」と思うのは、今の自分ではできないかもしれないと感じるからだ。できないかもしれなくても、その不安に負けずにやってみることで、学ぶことができる。不安に思う気持ちのなかに成長の芽がある。

そこで足を止めてしまっては、みすみす成長の芽を枯らしてしまうことになる。逆に居心地の良い状況に身を置いている限りは成長は加速しない。

〝最近調子がいいな、うまくいくな〟と思ったら、むしろ要注意なのだ。

ある経営者の方と議論をしていたときのことだ。

「最近は経営者受難の時代になりましたね」というこちらの問いかけに対して、「安定した環境だと変化できないでしょう。新しいことにチャレンジするうえでは、最高の環境だと思っていますよ」という答えが返ってきた。

この経営者の方が、「社内に抵抗勢力がいてできなかったことに着手できる」と前向きに捉えて話をされていたのが強く印象に残っている。

気持ちのなかの「慣性の法則」をどうマネジメントするか――。**「抵抗勢力」は我々1人ひとりの気持ちのなかにも存在する**。

そうやって、自分自身のなかの「抵抗勢力」に打ち克ち、チャレンジするようになったら絶対にいつかは失敗する。そのときに大切なのは、「やっぱり、やめておけばよかった」と思わないことだ。

世の中、やってみなければわからないことばかりである。

すでにBCGを引退した、ある元マネージング・ディレクター&パートナー（MDP、BCGにおける経営チームメンバー）がこう言っていた。

「若いうちにできるだけ多くの失敗をしたほうがいい。責任が重くなってからの失敗は周りに迷惑がかかる。たくさんの失敗を経験するというのも、若いうちにしかできない経験の1つだ」

できない事実を受け入れる素直さ——マインドセット③

新卒でも中途採用でも、BCGに入ってくる人は、成功体験を持っている人が多い。自信も持っている。そういった人たちが陥りやすい罠がある。

壁にぶつかったとき、無意識とも言えるレベルでまず「マネジャーが悪い」「チームのメンバーが悪い」「データがなかった」など、周りに原因を求めてしまうのだ。「自分にはこの会社は合わない」「向いていない」と、あきらめてしまう人もいる。

しかし、長期的に成長し成功しているコンサルタントには、失敗したときやうまくいかないときに、まず「**自分に原因があるのではないか**」と考え、客観的に振り返る素直さや謙虚さが備わっている。そこから改善点を見つけて、建設的により良い解ややり方を追求していくことができる。

世間一般には、コンサルタントというと、自信満々で理路整然と自説を主張する人というイメージを持たれているかもしれない。しかし、付加価値を生み出し、成果を出し続けるコンサルタントは、実はこうした素直さや謙虚さを持っているものだ。

壁にぶつかったときに、すぐに人や環境のせいにする人が、そこで成長を止めてしまうのに対し、「どうしたらうまくいくのか？」「何をすれば役に立つのか？」という発想に切り替えて頑張れる人は、失敗や壁さえも糧にして成長を続けられる。

自分では変えようがない、他人の行動や環境、運にばかり目を向けると、結局立ち止まり、あきらめてしまうことになる。

一方、自分ができることにフォーカスして、絶えず「どうすれば役に立つのか？」を考えられる人のほうが、長期的に見て成長でき、成果に貢献できる。

これは、コンサルティング業界だけではないはずだ。

マインドセットは短期間で変えられる

なぜ、成長のドライブがかかったのか

一般的には、マインドセットは短期間では変えられないとも言われている。

しかし、それは本当だろうか。今のマインドセットがどのようにして形作られてきたのかを考えると、それはこれまでの経験をベースに培われてきたものであることがわかるはずだ。当然のことながら、我々は日々新たな経験を積み重ねている。

したがって、経験をベースにした「気づき」があれば、マインドセットを変えることは十分に可能だ。

作業者・フォロワーからリーダーに変われるかどうかは、一概に能力の違いによるものとは言えない。実行力や実務能力が高く、作業者としては優秀であっても、まったくブレークスルーせず、いつまで経ってもリーダーになれない人もいる。

たくさん努力し、実践を積めば、ブレークスルーのための「気づき」や「きっかけ」を得られる確率は上がるが、それでは確率論にしかならない。では、どうすればいいのか。

ＢＣＧにおいて、大きな成長を遂げたコンサルタントに話を聞いてみると、その行動様式にいくつかの共通項があることがわかってきている。

最近は、育成する側として、そういった「共通項」となる経験を意識的に作り出すようにしているし、育成される側にも明示的にそういった行動を意識するように伝えている。

それは大きく、以下の４つに分けられる。ロジカルに言うとこの４つはいわゆるＭＥＣＥ（漏れなく、重複なし）な区分にはなっていないが、経験則を言語化したものとしてご容赦いただきたい。

クライアントと対峙する場に飛び込む――成長する経験①

コンサルタントにとって、一番大きな影響力を持つのがクライアントだ。

クライアントには、コンサルタントよりも多くの経験を積み、ビジネスパーソンとしても人間としても優れた人がとても多い。そうしたクライアントと真剣に対峙するというのは、駆け出しのコンサルタントにとっては非常に大きなプレッシャーとなる。結果、無意識にマネジャーの陰に隠れてしまう、資料を説明するだけ、話を聞いてくるだけ、といった一方通行のコミュニケーションにとどまってしまうことがある。

マネジャーが（海外出張、急病などで）不在のなかで自分が何とかしなければならない状況に追い込まれたときが、自分が変化するきっかけになったと多くのコンサルタントが言っている。

後ろ盾がなく、チームを代表してクライアントに向き合うなかで、真剣なぶつかり合い、健全な意見の衝突が生まれる。

その結果、クライアントの志や信念、情熱に触れ、心から「何とかこの人の役に立ちたい」と思えるようになる。こうした体験を通じて、失敗したり壁にぶつかったりしても、乗り越えて成果をあげるまで頑張れるねばり強さも生まれてくる。

不思議なもので、チームのなかでどれだけプレッシャーをかけても、あるいは緊張感の高い環境を作っても、同じような成果にはつながらない。

人材育成において、「任せること」が重要であるというのは定石の1つだろう。「背水の陣」「火事場の馬鹿力」など、実はいろいろな表現で語りつくされていることではあるが、このような状況を意図的に作れるかどうかが、育成の巧拙を分けることになる。

小さな成功体験を積む——成長する経験②

ブレークスルーのための「気づき」を得るまでのもう1つのきっかけに、成功体験がある。小さな成功体験を積むためには、発言してみる、提案してみるなど、自分自身で一歩を踏み出す必要がある。

自分で踏み出した結果が評価されたり、感謝されたりという成功につながれば好循環が生まれ、さらに一歩を踏み出せるようになる。指示されて動くというフォロワーから、自分で考え、目的を持って動くリーダーへ、マインドセットを変えるきっかけになるのだ。

前述の「クライアントと対峙する」という話と重複する部分もあるが、実際にあった例を紹介したい。木村が一緒に仕事をしていたある優秀な若手の話だ。

彼は、クライアントのある部門の成長戦略の立案を担当していた。

クライアントとのミーティングは週に3回。BCGが市場のデータなどを分析した議論の材料を用意、先方が技術戦略や予算の執行状況などの情報を整理して持参し、どのような方向に進むべきかについて議論を重ねていた。

ある日の議論で、その若手コンサルタントは、クライアントがこだわっている「これまでのやり方」にどうしても違和感がぬぐえなかった。そこで、特段の分析や他社の事例があったわけではないが、「個人的な意見ですが……」と前置きをしながらも思い切って反対意見を言ってみたのだ。

このようなときのクライアントの反応は、一般的に2つのパターンに分かれる。大きな反発を招くか、あるいは新たな視点を提示したとして感謝されるか、である。

幸い、このときの反応は後者だった。

その若手の発言をきっかけに、クライアント内部からも従来とは異なる意見が出るようになり、これまでのミーティングのなかでももっとも議論が盛り上がる結果となった。

これが、「クライアントが求めているのは、有意義な議論を通じてビジネスが前に進むこと」「その際にパワーポイントの資料やエクセルの分析は必ずしも必要ではない」ということへの「気づき」となった（あらためて、こうして文章にしてみると、当たり前すぎる内容に驚いてしまうが）。

この体験をきっかけに、彼の仕事の進め方に明らかな変化が見られるようになった。

それまでは、提案内容をマネジャーと相談しながら資料にまとめ、次回の会議で説明して提案する、という仕事の進め方をしていた。仕事を進めるうえでの暗黙のプロトコールに従うだけで、ビジネスを前に進めることを一番に考えた動きにはなっていなかった。

ところが、この出来事があってからは、ＢＣＧ内部の議論で新たな方向性が見えてきたら、資料を作るより先に、「今から行ってきます」と、クライアントのもとに行って、提案内容をぶつけてくる、という動きをするようになったのだ。

挫折、失敗経験を上手に振り返る——成長する経験③

うまくいかなかった経験を振り返り、反省することは誰でもやっているはずだが、それを「上手に」行っているかどうかはまた別の話だ。失敗や挫折の原因を他人や環境に求めるのは論外。自分自身の行動を見つめ、振り返ることが、成長につながる振り返りだ。

ただ、これもうまくやらないと、結局は同じことをその後も繰り返してしまう。

すべての行動は、自分の「選択」の結果だ。

たとえば、「1カ月で1キロ減量する」というダイエットに失敗した場合、「寝る前にビールを何度か飲んでしまった。次からは飲まないようにしよう」と決意するだけでは、おそらく次回も同じことを繰り返してしまうだろう。

「なぜ」飲んでしまったのか、「なぜ」我慢できなかったのか、そこまで分析し、自分の思考パターンを明確にしないと、次に同じ場面に出会ったときに異なる選択ができるようにはならない。

「風呂上がりに、のどが渇いて、炭酸の刺激があるものを飲みたくなってしまった」のであれば、「ビールの買い置きをしない」「炭酸水を買っておき、風呂上がりに飲むようにする」ことで、ビールを飲むという選択を回避できるだろう。

あるいは、「仕事のストレスを発散したくてビールを飲んでしまった」のであれば、そのストレスをほかの方法で取り除く必要がある。仕事帰りにジムに寄って軽く体を動かすなどしてストレスを発散できれば、ビールを飲むという選択をせずにすむかもしれない。

「なぜAができなかったか?」ではなく、**「なぜ（Aではなく）Bという選択をしてしまったのか?」「どういう思考を経て、Bという意思決定に至ったのか?」**が自分で分析できないと、失敗経験を本当に次に活かすことはできない。

挫折や失敗経験を振り返るときに、自分の思考や選択、意思決定を細かく分解して原因を突き詰めていけば、最後は自分自身の「内面の課題」に行きつくことが多い。この振返りの習慣をつけることでマインドセットも変化していき、成長し続けられる体質に変わっていくはずだ。

立場が変わる——成長する経験④

「ポジションが人を変える」と一般によく言われる。

実は、この法則はＢＣＧにおいても当てはまるように思う。

特に大きな変化が生じやすいのは、メンバーからマネジャーへの昇進時だ。この昇進をきっかけに意識や行動が大きく変わる人たちは2つのタイプに分かれる。

1つは、「マネジャーになったのだからこうしなくてはいけない」という強い責任感がきっかけとなり、時間の経過とともに、いつの間にか本人の考え方自体も変わっているというパターン。周囲からの期待に応えるなかで、ある種の自己暗示にかかり、いつの間にか自らが先頭に立って周囲を引っ張っていく立派なリーダーになっているケースがある。

もう1つは、メンバーとしての自分とマネジャーとしての自分の意識や行動を完全に切り替えられるパターンだ。このパターンは、非常に優秀な外国籍のコンサルタントに当てはまるケースが多い。もしかすると、海外においては業務定義（Job description）が明確になっており、会社との契約をベースとして仕事をするのが一般的であることも影響しているのかもしれない。

ただし、普通は、役割が変わったからといって、すぐに意識や行動を新しいポジションにふさわしい次元に切り替えるのは難しい。「非常に優秀な」と形容したのはそのためだ。難しいのは、このやり方が通用する人材かどうかを見分けることだ。

上記の成長する経験①~③のパターンとは異なり、この④のパターンは先にポジションを与えるというリスクをとらなければならない。場合によっては、ポジションが変わっても結局はマインドセットを変え切れなかったというケースも発生するかもしれない。

育成する側として後悔しないためには、（一定以上のスキルを持っていることはもちろん）人の上に立つうえで必要な正直さや人の良さを持っているか、という点だけは厳しく見ておく必要がある。

長期的に「成長し続ける」人材になろう

「成長」を続けられる人とは

即戦力が必要な時代とは言われているが、企業が求めているのは、「今」優秀な人だけではない。真に求められているのは、今後の変化する環境（今はまったく予測もできないもの）に合わせて、**めげずに試行錯誤しながら自分で成長できる人**だ。

欠けているチェックボックスを埋めようとスキルをコレクションするだけでは、そうはなれない。スキルはいったん不要になってしまえばおしまいだ。

先に述べたように、スキルを使いこなす力があれば、環境の変化に合わせて既存のスキルをうまく使い回すことができる。自分が持たない知識やスキルがあれば、社内外のネットワークを活かして人に助けてもらいながら成果に貢献することも可能だ。

また、正しいマインドセットがあれば、成果を出すために自分を変化させていくことができる。「できないという事実を受け入れ」て、それでも「成果を出すために、役に立つために」、何度でも失敗しながら「チャレンジし続ける」ことで、結果として成長は加速する。

最後は、強いメッセージ・想い

スキルをコレクションすることから脱して、スキルを使いこなし、正しいマインドセットを持つことが重要である、ということを述べてきた。それで、成長は加速するし、持続する。

それに加えて、ビジネスを引っ張っていくうえで最後に大事になってくるのは、**自分は何を成し遂げたいのか、伝えたいのか、というメッセージ（想い・思想）**である。

一例を紹介しよう。

BCGでは、クライアント企業に対するトレーニングを提供することがある。先日もクライアント企業の執行役員を対象にプレゼンテーション研修を行い、姿勢やプレゼンの構成、ジェスチャーなどについてアドバイスした。

そこでは、単に基本形を伝えるだけではなく、それぞれの参加者に実際にプレゼンを行ってもらい、それぞれに合った型（やり方）も伝えている。個々人なりの型を身につけていけば、短時間でもプレゼンはうまくなる。

ただし、それだけで良いプレゼンができるようになるわけではない。

参加者とのやりとりのなかでたどりついた結論は、結局、「何を相手に伝えたいか」というメッセージの強さ、それを伝えるための言葉を練ることに尽きるのではないかということだった。

型（スキル）が使いこなせても、中身（思想）が伴わなければ成果はあがらない。パワーポイントなどのプレゼンツールやＡＩなどを活用した分析・調査ツールを扱うスキルは、目的を達成するための単なる手段にすぎない。アニメーションなどを駆使し、凝ったデザインのプレゼン資料を作ることができても、それだけで相手に伝わるプレゼンテーションができるようにはならない。

逆に、パワーポイントが使えなくても、力強いメッセージがあれば、ホワイトボードに1文書くだけで、説得力のある提案ができる。

これをやりたい、これを伝えたい、という強い想いは、ビジネスを進めていったり、人を引っ張っていったりするうえできわめて重要である。それがないと、結局は〝作業屋〟〝便利な人〟止まりになってしまう。

この点は、育成そのものとは少し離れるが、長期的に大変重要なことなので、この章の最後に強調しておきたい。

まとめ

☑ スキルだけ集めたり磨いたりするだけでは成長できない。

☑ 「スキル」に加えて「マインドセット」と「使い方」がセットで必要。

☑ 特に、「マインドセット」は成長のベース。これがないと持続的な成長は困難。

☑ 「マインドセット」は変えられるもの。
「育てる人」も「育つ人」自身も、意識して変える契機を捉える必要がある。

☑ 「今」優秀であるよりも、自分で環境変化に合わせて成長し続ける人材になることのほうが重要。

第2章

どうすれば「伸び悩み」を突破できるのか

成長の方程式❷ 正しい目標設定＋正しい自己認識

本章では、BCGの人材育成における2つ目の方程式、「正しい目標設定＋正しい自己認識」について説明する。

この方程式は、第1章で取り上げた1つ目の方程式と同様、数多くのスタッフの育成に携わるなかでの気づきや発見から導き出されたものだ。

本章ではまず、この方程式に思い至るもとになった、日々の育成の現場で出会う「伸び悩み」の現象を、いくつかのパターンに分けて紹介し、どこに問題があるかを見ていく。

後半では、この方程式の2つの要素、「目標設定」と「自己認識」のそれぞれについて、陥りやすい〝落とし穴〟を見ていくことで、その裏返しである、正しい目標設定や自己認識をするための方策を探っていく。

頑張っているのに、なぜ伸び悩むのか

仕事に対する意欲は高い（少なくともそのように見える）。特定のスキルを磨くという意味では、人並み以上に努力し頑張っているし、成長のために時間も投入している。しかしながら、それが仕事上の成果につながっている様子が見られないばかりか、「彼・彼女は最近伸び悩んでいるよね」という評判ばかりが聞こえてくる——。

本人にとっても、また育成する側にとっても、ではどうすればいいのか、という解が見えにくいのがこのパターンである。

実は、このように意欲もあるし、それなりの努力をしているにもかかわらず、なかなか成長できないという悩みを抱えている人は意外に多い（そもそも意欲もないし、努力もしない人は悩まないし、この本も読んでいないであろう）。

ここでは、こういう伸び悩みのパターンにありがちなタイプを3つ挙げてみる。

現在、もしくは過去の自分に当てはまるものはないか、セルフチェックしてほしい。

手段が目的化する人――伸び悩むタイプ①

さまざまなマーケティング分析に関する講座を受けているのに、仕事でいざマーケティング戦略を立てるとなると、4Pだの3Cだのといったフレームワークの説明ばかりに終始してまったくアイデアが出せない人もいる。

朝に夕に英会話教室に通い、通勤時間や週末も時間を惜しんで勉強し、TOEICのスコアも上がっているのに、積極的には海外現地の情報に触れようともしないし、交流しようともしない。海外拠点との電話会議ではメモ取りに終始して一言も発言をしない……。「これができるようになろう」「これを学ぼう」と日々努力しているものの、何かを身につけることに活動が終始し、仕事の成果に結びつけようという意識が薄い。

本来であれば、何が目的なのか、どこを目指すべきなのかを設定しなければならないのだが、それをしないままに、「何となく」頑張りどころを選んで、やみくもに突き進んでしまう。

そのため「TOEICのスコアを上げること」とか、「マーケティング分析手法を習得すること」そのものが目的になってしまい、せっかくのこうした努力が成果につながらない。

こういう傾向は前出のスキルマニアに多く見られる。自分の成長をわかりやすい「物差し」で測ろうとする。

つまり、「勉強すること」が自己目的化してしまう結果、仕事で成果をあげるためにどのような能力向上が必要か、という当たり前の課題設定に至らないのだ。

勘違いな人——伸び悩むタイプ②

自己認識が周りからの評価とズレている人もいる。

我々の経験則では、「自分は○○が得意なので、それを強みにしたい」と発言する人の半数以上はこのパターンにはまっている。このタイプの人の発言で「○○」に入るキーワードで多いのは、外国語、定量分析、特定のトピック（ネット関連など）、人間関係づくりといったものだ。本人は得意なことでチームに貢献しようとする（そして、しているつもりになる）が、実態としては「空回り」が続く。

これは、「自分のなかで〝相対的〟に得意である」ということと、「プロとして仕事で通用する水準に到達している」ということを混同してしまっていることに起因する。

後述する通り、自身の強みで勝負するというのは非常に大切な発想ではあるものの、その強みは、「市場」で戦える価値があるレベルまで磨かないと、それは本当の意味で「強み」とは言えない。

我々の感覚で「勘違いな人」が相当数存在するように見えるのは、ある意味、「市場」価値のレベルで自己評価ができている人が少ないということかもしれない。

また、最近の褒めて伸ばすコミュニケーションが中途半端な形で行われることが、この手の勘違いを助長する結果を招いている側面もあるだろう。

褒めて自信を持てるようにしたり、安心感を与えたりすることはもちろん重要ではあるのだが、それだけでは本人に正しく自分を認識してもらうことには失敗する恐れがある。

このような、自己認識と周りからの評価がズレているタイプの人と話をすると、よく出てくるのは、「できないのは、配属部署（もしくはプロジェクト）や上司、チームが悪い」という類の発言だ。

要は、自分には得意なこと、強みがあるのだから、成果が出ないのは、それを活かせない環境のせいである、と考えるのである。

このような心理状態に陥っていると、たいていは他人からのアドバイスにも耳を傾けないし、行動も変わらない。時には、周りに対して攻撃的になるケースまである。

ここまで来ると、誰も本気で育成しようとしないため、さまざまな部署を「たらい回し」にされてしまうという結果になる。

作業屋止まりの人――伸び悩むタイプ③

「自分は○○が得意なので、それを強みにしたい」という人のなかには、もちろん本当にプロとして通用する高いレベルのスキルを持っている人もいる。

ところが、そのなかにも「伸び悩んでいる」と言われる人が存在する。わかりやすい例としては、エクセルなどの分析モデルの作成に長けていて、精緻なものを作ることに没頭するタイプの人などが挙げられる。

以前、あるプロジェクトの社内チーム・ミーティングでこんなことがあった。

プロジェクターでエクセルのシートを映しながら、ある企業の将来の業績予測をめぐって、MDP、マネジャー、チームメンバーのコンサルタント数名が一緒になって議論していたときのことだ。

MDPの1人から「3年後の売上がこんなに伸びているのはなぜか」と質問があった。

この質問に対し、モデリングを担当していた若手コンサルタントは「過去5年間の平均成長率を当てはめているので8・6％になるのです」と答えた。

直後にマネジャーが、「市場成長のトレンドとシェア増分を考慮すると、ちょっと強気で見すぎているかもしれないね」と再考を促していた。

この場面は強く印象に残っている。

この若手スタッフのエクセル操作技術はそれこそ「感嘆のため息」が出るほど素晴らしい水準で、彼のおかげでその場での議論の展開に応じてリアルタイムでモデルを組み替えながら、短時間で大きな方向づけをすることができた。

しかし、このようなケースは、第1章でも触れたように、周りからは重宝されるが、〝作業屋〟止まりとなるリスクをはらんでいる。（作業の結果である）数字から何を読み解くのか、どういうビジネスの判断をするための数字なのかという本質に迫ろうとしない限り、次のステージに進むことはできないからだ。

このような若手はBCGを含むプロフェッショナル・ファームには一定数存在するものだ。誰かの役には立つので、もちろんまったく役に立たないよりははるかにいいのだが、人から頼まれた作業を高い水準でこなすだけになると、自分で判断する力はつかず、成長はしない。

自分がどこまで行きたいのか、行かなければならないのかを明確に描いて、そこに向かって取り組まないと、「彼・彼女は若手としては優秀なんだけど……（でも次のステージでは厳しいよね）」というパターンにはまってしまうのである。

成長には、正しい目標設定と正しい自己認識が必須

では、どうすれば努力を成長という成果につなげることができるのだろうか。

それを考えるにあたって、コンサルタントを含むビジネスパーソンの成長というものを次のように定義するところから始めていきたい。


成長＝「目指す姿」（ビジネスで成果をあげている状態＝目標）と「現状」（今の自分＝自己認識）のギャップ（課題）を埋めること（図2－1）

この定義に則って考えると、成長するためには、正しい目標設定と正しい自己認識の2つがセットで必要ということになる。どちらが欠けていてもダメだ。

ビジネスにおける成長とは?
図2－1

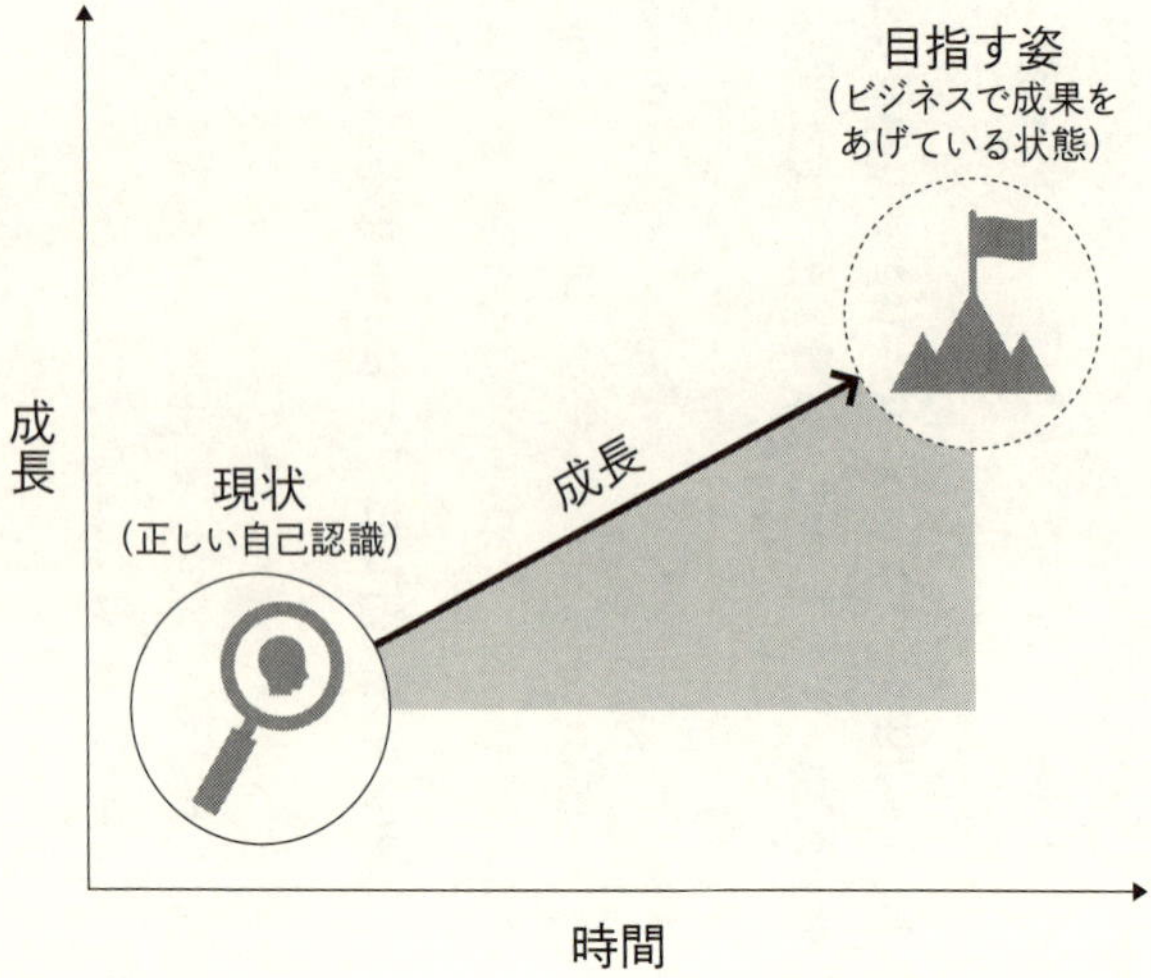

目標を設定せず、ただやみくもに頑張り、時々後ろを振り返って「昨日より今日、良くなった」というだけでは、成長スピードは上がらないし、成長を継続することはできない。

また、目標設定を間違える（たとえば、作業屋としての上達を目指す）と、たとえ目標を達成したとしても、本来目指すべきところまで成長していないことになる。

一方、自己認識が間違っていると、課題がどこにあるかを見極めることはできないし、打ち手も間違えてしまう。

自己認識の誤りは心理的なバリアにもつながってしまう。その結果、何を伸ばせば成果があげられるか、どこを強化すればクライアントやチームに貢献できるのかを、冷静に判断することができなくなるのだ。

正しい目標設定と自己認識があってこそ課題が見えてくるし、いつまでに何をすべきか、という具体的な打ち手もわかる。

間違った目標設定や自己認識には、いくつかパターンがある。以下の節では、こうした陥りやすい6つの〝落とし穴〟を1つひとつ順に見ていく。

落とし穴を認識することで、その裏返しである、目標設定と自己認識を正しくセットする方策への実践的なヒントが得られるはずだ。

目標設定の落とし穴

では、目標設定にあたってよく見られる、3つのタイプの落とし穴について見ていこう。

具体性のない「スローガン」を掲げる――落とし穴①

間違った目標設定で一番多いのが、単なる「スローガン」を目標にするというパターンだろう。人事面談で将来どうなりたいかを聞くと、8割はこれに該当する回答が返ってくる。

たとえばこんな感じの言葉である。

「もっとクライアントの役に立てるようになりたい」

「経営者に信頼されるコンサルタントになりたい」

ほかの業界であれば、「売れる営業マンになりたい」「オリジナルな商品を企画できるようになりたい」などが挙げられるだろう。

一見、何の問題もないように見える。

ただ、これらはスローガンとしては良くても、自分が成長するための目標設定としては不十分だ。

目標として設定するからには、それを目指して具体的にどんな行動をとるべきか、指針を示すものでなくてはならない。

ところが、**このようなスローガンは解像度が低すぎて、どうすれば実現するのか、どのような状態を「実現した」というのかまったくわからない**。

このようなスローガンが長期的な成長につながっていくことに疑いはないが、短期間で成果をあげるべく成長を加速しようとするならば、時間軸を持ち、具体的な行動につなげられる解像度の高さにまで、「スローガン」をブレークダウンする必要がある。

たとえば、次のようなイメージである。

「もっとクライアントの役に立てるようになりたい」

「経営者に信頼されるコンサルタントになりたい」

　こういった目標では、まだ解像度が低い。

「○年後には、X部長が悩んだときに、携帯に電話してもらい、30分話して『頭の整理ができたよ』と言ってもらえるようになりたい」というところまで具体的なイメージを持つ。

「ビッグデータの専門家になりたい」ではなく、「○年後には、金融業界における顧客データ活用についてBCGのアジア地域における第一人者となり、グローバルな金融機関のCTO（チーフ・テクノロジー・オフィサー、最高技術責任者）10人と定期的にディスカッションできるネットワークを構築する」というレベルまで具体的に落とし込む。

　つまり、「ビジネスという文脈で顧客にどのように貢献できるようになっていたいのか」「どんなことができる自分に、いつ、なっていたいのか」をビジュアルに想像することがカギとなる。

　加えて、時間軸を明確に意識することで、どれくらい難易度が高いことをやろうとしているのか、実現に向けてどういうスピード感で取り組む必要があるのかが明確になる。

「スローガン」のままでは、現状の延長線上の成果しかあげられない可能性が高く、非連続な成長を実現できる可能性は運任せになってしまうだろう。

「憧れのあの人」になりたい――落とし穴②

「成長のためには、目標を設定することが必要だ」。そこまでは理解しているものの、どうやって目標設定したらいいかわからないときに陥りがちなのが、「憧れのあの人になりたい」というパターンの目標設定だ。周りを見回して「目立っている人」、職場の「できる上司」や雑誌に出てくる「あの人」を目指してしまう。

しかし、駆け出しコンサルタントが、「(元BCG日本代表の)内田和成さんのようになりたい」などと言うのは、憧れとして掲げるのはよいが、目標設定にはそぐわない。経験も、求められる役割なども大きく違いすぎて、「時間軸を持って、実現するための具体的な行動につなげられる解像度にブレークダウンする」難易度がきわめて高くなってしまうからである。

もう1つの難点は、安易にロールモデルを置くことにより、誰かのコピーを目指してしまいがちだということだ。「憧れのあの人」とあなたは、個性も素養もまったく違う別の人間だ。そんな人が「あの人」になろうとすると、下手をすると、「あの人」の8掛けの劣化コピーになってしまう。

ビジネスでは、「誰かができること」について、「それぞれ上級者よりちょっとレベルは下がるが、そこそこ何でもうまくこなせる人」の存在意義は小さい。なぜならば、ビジネスは団体戦だからだ。そこそこのレベルで何でもできる人は、チームに対してどの面でも、そこそこの価値しか提供できない。

それよりも、「できないこともはっきりしているが、突出してできる強みを持った人」のほうが、その突出した部分でチームに大きな価値を提供できる。そんな人が集まってチームを組むと、突出した成果を出せる（もちろん、それぞれのできないところをカバーできることが前提なのは言うまでもない）。

ハリウッド映画の『ミッション：インポッシブル』や『オーシャンズ11』（11人の犯罪スペシャリスト集団がカジノの金庫破りに挑むドラマ。2001年製作）、あるいは人気マンガの『ワンピース』や『スラムダンク』などを見ても、チームの構成メンバーは、（不得手なこと、弱点を抱えつつも）何か突出した強みを持ち、それがほかのメンバーと重複しておらず、それぞれが自分の強みを活かして活躍することで成果をあげていく。

もちろん、そういう構造のほうが、エンターテインメントの物語設定として優れていることもあるだろうが、チームで成果をあげるには、役割分担を前提として、個々が尖った才能を持つことが必要というわかりやすい例だろう。

得意ではない分野については、極端に足を引っ張らない程度に頑張れば最低限ＯＫ。スキルの穴をすべて均等に埋めようとする必要はない。

ほかの誰かになろうとするのではなく、**強みをベースにした、自分の戦い方（目標）を見つけること**こそが、ビジネスの最前線で成果をあげるうえでのまっとうな道筋なのである。

目の前の「モグラたたき」に夢中になる――落とし穴③

これもまた、よく陥る落とし穴だ。直近で経験した「できないこと」を「できるようになること」を目標にしてしまうのが、「モグラたたき」だ。

前述の2つの落とし穴とは対照的に、この落とし穴には、視野が極度に狭く、かつ短期的で、とりあえず目の前の課題だけに目を向けた目標を設定してしまうという特徴がある。

たとえば、直近のプロジェクトで「ロジカルシンキングができていない」とチームリーダーに指摘されたから、「ロジカルシンキングができるようになる」という目標を設定してしまう。「顧客志向が足りない」と言われたから、「顧客志向になる」という目標を設定する、といった具合である。

これは、そもそも目標につながる問いの立て方がきちんとできていない、あるいは間違っているのが原因だ。

「クライアントに対して、どんな付加価値を提供できるようになりたいのか」「チームにどのような貢献ができるようになりたいのか」という、アウトプット（成果）をベースにした目標になっていない。ロジカルシンキングも顧客志向も、何らかの成果をあげるための手段のはずだ。


こうした成果ベースの目標がない「モグラたたき」型では、手段が目的化するスキルマニアに陥ってしまうリスクがある。


前述の例で言うと、「ロジカルシンキングができるようになることで、どんな成果をあげたいのか」、そしてそれを「いつまでに実現したいのか」という点が足りない。

「顧客志向になる」というのも、自分の今の仕事のなかで、「顧客志向とは具体的にどんな行動を指すのか」「顧客志向になることで、どんなアウトプットを出したいのか（アウトプットをどう変えたいのか）」について、具体的に思い描いたうえで、あらためて目標設定をすべきだろう。

自己認識の落とし穴

次に、2つ目の方程式のもう1つの要素である自己認識に関して、若手スタッフとの対話のなかでよく観察される落とし穴を見ていきたい。

まじめな人も無意識に抱く「原因他人論」——落とし穴④

これまでも述べてきたが、できていないことの原因を自分の外に探す人は、とても多い。しかし、(仮に本当に原因が自分以外にあっても) この落とし穴にはまってしまうと、成長はぴたりと止まってしまう。

よく言われることだが、他人や環境は自分では変えられない、もしくは、変えられたとしても膨大な時間とエネルギーを要する。人のせい、環境のせいにすると、その瞬間の自分の気持ちは楽だろうが、実は時間やエネルギーがかかる分、効率が悪い。

また、他人や環境など、自分以外に原因があると考えると、自分自身の課題に目が向かなくなってしまう。誤った自己認識、成長につながらない自己認識の元凶だ。

現状の「できていない」「うまくいっていない」自分を受け入れ、その状況を前提にどう成長するかを考えないと、うまくいくようにはならない。

まずは「原因自分論（原因はすべて自分にある）」の姿勢を身につけないと、成長の入り口にすら立てないのだ。

実に意外なことなのだが、誠実でまじめ、一般的には「自分に甘い」という評価はされないタイプでも、よく話を聞いていくと、無意識のうちに原因他人論の落とし穴に陥っていることがある。

たとえば、プロジェクト終了後の振り返りで、「良い経験ができ、大変勉強になりました。でも、もう少し仕事を任せてもらえたら、より成長できたように思います」「もう少しお客様と直接接する機会をもらえていれば、学ぶことも多かったのではないかと思います」というコメントが出ることがある。

前向きで意欲的な反省のように見える。しかし、はたして彼・彼女はプロジェクトにおいて、自分から「もっと仕事を任せてほしい」「お客様と接する機会がほしい」と言ったのだろうか。言わなかったとしたら、なぜ言わなかったのだろうか。

一見、向上心にあふれた、良い振り返りに見えるが、実は成長しなかった（成長が足りなかった）理由を自分以外に求めてしまっているのだ。

「環境が良くなかった」「チャンスが与えられなかった」「プロジェクトが自分の期待していたものと違っていた」「クライアントのデータに不備があった」など、振り返りの要因を自分以外のものに求めると、自分の課題に着地できないので、成長は止まってしまう。

無意識のうちに原因他人論の罠にはまっている別の例を挙げよう。

営業担当者が、「お客様の投資計画が当初予定より1年遅れたため、今期の受注金額が下がった。来期には計画通り受注できる見通し」「計画比で7％足りないが、市況が前年同期比5％マイナスのなか、わが社は2％マイナスで踏みとどまっている」という類の説明をすることは比較的多いと思う。

営業会議でも、「そうはいっても何とかしろ」と指摘されるのだろうが、足下の状況説明としては通ってしまうことも多いだろう。

おそらく、この説明をした人に特に悪気はなく、「誰かのせいにしている」という意識もない。ただし過去の説明資料から似たような言葉を拝借し、多少アップデートしてコピー・アンド・ペーストしたという罪悪感が少し残るくらいだろう。そして、こう説明した営業担当者は、高い確率で将来同じような計画未達を繰り返す。

しかし、どのような外的要因であっても、結局は、「あらゆる可能性を想定しておけなかった」という自己反省に行きつくはずである。「なぜこういう事態が予想できなかったのか?」「予想していたならば、何か対策はとれなかったのか?」という問いを自らに投げかけられる担当者は、その過程において多くを学ぶことができる。

同様の話は営業担当者に限らず、子会社の社長や事業部のトップというレベルでも発生しうる。この場合もシナリオプランニングなどの手法で、幅広い将来シナリオを想定しておくことも可能だろうし、また、そもそも将来の予見が難しいならば、固定費を抑えたビジネスモデルに移行して変化対応力をつける、という対策も打てる。

うまくいかなかったことの理由を外に求める限り、自分を省みることができず、自分のパフォーマンスを上げる(成長する)チャンスを失ってしまう。

繰り返しになるが、成長したいのなら、まず「自分のことしか変えられない」という意識を持つことが大切だ。こう言うと「全部自分のせいと考えろと言われても、そんな悟った人のようなことは無理だ」と感じる人も多いかもしれないが、それは誤解である。

原因自分論は、自分で責任を全部背負い込み、耐え忍ぶような辛気臭い話ではない。自分で変えることのできる「自分」に原因があれば、それは当然、変えることが可能である、と実践的、前向きに考えるという話なのである。

実は、原因他人論のほうが、他者が変わらない長い間、うまくいかない状況に耐え、苦々しい感情を持ち続けないといけないのだ。

付け加えておくと、著者両名はガチガチの原因自分論者ではあるが、決して悟りを開いたような上等な人間ではない。

永遠の「青い鳥探し」——落とし穴⑤

原因他人論の変形でもあるが、「自分が能力を出し切れない（やる気が出ない）のは、ここが自分の活躍すべき場ではないから」と考えるタイプの人にもよく出会う。

「本当に自分がやりたいことはコレではない。ほかにある。自分はまだそれにめぐりあっていない」と、「青い鳥」を探してしまう。

青い鳥を探すことにばかり目がいってしまい、今の自分に目がいかない。結果、自分が置かれた環境のなかで、何をやるべきなのかが見えなくなってしまう。

「本当にやりたいのは、環境問題を題材にしたテーマなのに、今担当〝させられて〟いるのは情報通信業界の新規事業プロジェクト。自分のやりたい仕事ではないので、どうしてももうひと頑張りのやる気が出ない。その結果、成果もいまひとつになっている。何とか環境関連のテーマのプロジェクト担当にしてほしい」――。

こういった類の相談を受けることがよくある。

「やりたいことではないので、やる気が出ず、成果に貢献できなくても仕方がない」というのは、そもそもプロのビジネスパーソンとして失格であるが、同時に、現状の自分を冷静に見て、課題を見つける機会をみすみす逃してしまっていることを理解する必要がある。

本人のやる気やモチベーションはもちろん大切ではあるが、だからといって（だからこそ）、自分が成果を出せない理由を「やる気が出ない」で片づけてはいけない。これは、裏側に「やる気さえあれば、（今のままでも）自分はできるはずだ」という意識が隠れている。それでは変わる必要もなくなり、成長の入り口に立てない。

「環境問題の解決に貢献したい」。本当にそう考えているのであれば、当然ながら、そのために必要な実力を身につける必要がある。具体的に必要な能力は何か、それを今、自分は持っているのか、ということを突き詰める必要がある。それができれば、今取り組んでいる仕事やプロジェクトから多くを学べることもわかるであろう。

松下幸之助氏の著書『道をひらく』のなかに「自主独立の信念を持つために」という章があり、このなかで、学びについての記述がある。詳細はぜひご一読いただきたいが、学ぶという心構えさえあれば、万物から学ぶことができるという趣旨のことが書かれている。非常に印象に残っているのは、そのなかにある「流れる雲からも学ぶことができる」というくだりだ。本当に成長できる人は、日常の些細な出来事や一見関係なさそうなことからでも貪欲に吸収していく。

青い鳥を追うのは結構だが、目の前のことから学ぶ行動や努力を怠らないようにしてほしい。青い鳥探しをしている間に、どんどん周りと差がついていることを自覚する必要もあるだろう（有名な童話でも「青い鳥」は自分の家にいたのである）。

自己認識の話から少し横道にそれるが、**会社は学びの場ではあるが、研修機関ではない**ことも理解する必要がある。

やりたいことを実現しようと思うのであれば、それが会社としての成果にもつながるというストーリーを組み立て、周囲の理解・協力を取りつけることが必要になる。

逆に、会社と個人のベクトルが合っており、個人に本当の実力と情熱があれば、会社側は喜んでチャンスを与えるだろう。会社からの信頼を獲得できていないとすれば、まずは実績をあげることに注力するとともに、いざというときに備えるための努力をコツコツ積み重ねるほかないだろう。

もちろん、実力が不足している状況下でも、成長への投資としてチャンスをもらえることはある。そのチャンスをもらえるかどうかも、本人のこれまでの行動と成果の結果と考えるべきだろう。

誰にでも、「無意識の思考のクセ」がある——落とし穴⑥

最後に、原因他人論でなくとも自己認識の落とし穴にはまることがあるという事例を紹介しよう。

人は誰でも、思考のクセを持っている。

そしてそれは、無意識に私たちの行動に影響を与えていることが多い。これを意識化できないと、現象面での課題の背景にある真因を理解することはできない。

「思考のクセ」とは、どういうものだろうか。大きくは、物事の捉え方（価値観）と、結果としての物事の進め方（アプローチ）という2つの側面に表れる。

物事の捉え方で、よく例に出されるのは、半分の水が入ったコップを見たときの反応だ。「水が半分〝しか〟入っていない」と、ない部分に意識が向く人もいるし、「水が半分〝も〟入っている」と、存在する（ある）部分に目がいく人もいる。悲観的か、楽観的か、という分類もできるだろう。

こういう物事の捉え方の差には、その人がこれまでどういう人生を歩んできたのか、ということの影響が無視できない。

たとえば、「努力すれば成果があがる」「仲間は信頼できる」「失敗しても大丈夫」「間違えてはいけない」「非を認めないことこそが大切」「周りの期待に応えることが重要」「結果さえ出れば大丈夫」……このような、日常生活のなかで培われた考え方は、実はビジネスにおける判断にも大きく影響している。

一方、物事の進め方（アプローチ）の違いとは何だろうか。「石橋をたたいて渡る」か「渡りながら考える」か、どちらの傾向が強いか。

「あるべき論からの逆算で考える」か「現状の延長で考える」か、どちらを優先しがちか、というようなものが挙げられる。これらの「思考のクセ」のなかでも、ある意味、一番わかりやすいのは、過去の職業経験、つまりは前職での経験の影響によるものである。

BCGの社員の多くは中途採用だ。入社後、苦戦しているメンバーの話を解きほぐしていくと、多くの人に共通して見られる落とし穴がある。

それは、過去の経験、特に成功体験（もしくは過去に「正しい」と教育された考え方）の影響を受けた、「これはうまくできる」「ここはこのやり方でよい」という考え方で、自分を理解していることだ。過去の思考パターンを無意識にたどってしまっているのである。

ここで、「無意識の思考のクセ」を理解してもらうために、いくつかの職業の思考のクセを紹介する。

わかりやすくするためにやや誇張している部分もあるので、それぞれの職業の方は気を悪くしないでいただきたい。あくまで、それぞれの職業のクセの「傾向」として理解していただきたい。

また、ここではコンサルタントとしての成長の妨げとなりうる側面を取り上げているが、後述するようにプラスに働く側面ももちろんある。

●士業出身者の思考パターンは、「正解探し」

たとえば弁護士、会計士、公務員などによく見られるのが、無意識に「正解探し」をしてしまうというパターンである。

ＢＣＧにおいては、「スタンスをとる」という表現で、全体の状況が明らかになっていない（つまり正解はまだわからない）なかでも、しばしば自分としての意見を求められる。また、仮説思考で物事を推し進めていくことが必要になる。

ところが、弁護士、会計士、公務員などの職業（特に経験の浅い若手の場合）においては、法律、会計基準、前例などに照らし合わせて判断をすることで、恣意性を排除する傾向が強い。結果として、コンサルタントとして、「私はこう思う」というところからスタートできない、というケースが増える。

「過去の判例（前例）が○○だったから、○○ではないか」「△△の調査によると、□□という結果が出ているので、□□だろう」という思考パターンが強く、課題を与えられたときに、参照できる「正解」もしくは「ガイダンス」を探すことに時間を浪費してしまう。

さまざまなデータや、自分で観察した現象をもとに分析し、考え、自分で仮説を立てる習慣がないため、前例がない分野や予測不可能な分野において、アイデアを出したり提案をまとめたりする場面で、壁に当たることが多い。

著者の1人、木村も、政府系の金融機関出身だが、駆け出しのコンサルタントの頃、このパターンで苦しんだ。

情報が揃っていないなかでの判断を留保するクセがついており、仮説と呼ばれるものが、思いつきのアイデアとどう違うのかがわからなかったのである。

結果、客観的な（もしくは、客観的に見える）事実を見つけ出して、それだけで答えを導こうとして苦しんだ。

ある日、木村は当時のマネジャーから「ビジネスは時間との闘い。意思決定に必要な情報がすべて揃うのを待っていたら競争に負ける。限られた情報のなかで自分の意見を持つ努力をしろ。そのうえで、自分としてここだけは押さえたいというポイントを絞り込め」というアドバイスを受けて初めて自分の思考のクセに気がついた。

そのとき、入社後1年以上の月日が経っていた。

●商社出身者の思考パターンは「結論・行動が先、理屈は後」

一方、商社の出身者に多いのが、「まず結論（という名の仮説）とそこに向けた行動、理屈を考えるのは最後」という考え方である。

また、成果さえ出れば、成果が出た理由は気にしない傾向が強く、その背後にあるメカニズムを深く検討しないことも多い。結果、たまたまうまくできたことを過大評価してしまう危険性がある。

単純化した例で言うと、「この前は（あるいは、違う地域では、類似商品では、他社は）、これで成功したので、また同じようにやってみよう」というふうに考える。

本来なら、なぜこの前は成功したのか、というメカニズムを解き明かし、それと今回の諸条件を照らし合わせて、それが当てはまるようであれば同じことをやればいいし、そうでなければ別の方法を考えないといけない。

いくらいったん成果があがったからといって、「なぜ」それがうまくいったかを分解して理解しない（または、それを考えることを重視していない）と、成果を再現することは難しい。結果、再現性を求められるコンサルティングの仕事では正しい結論にたどりつかないのである。

また、メカニズムを理解していないので、当然その説明ができず、コンサルティングのように、結果に至るまでの過程を仮説も踏まえて理論立てて説明し、納得してもらいながら多くの人を巻き込んでいく必要のある仕事では苦労する。

加えて、この再現性・メカニズムを軽視するクセから、自分がリーダーとして部下を育成する立場になったときに、単なる経験しか語れず、「教える」ことに苦戦する人も多い。もう1人の著者である木山は商社出身だが、入社間もない頃は、すぐに「結論は○○です」とは言うものの、プロジェクトマネジャーやMDPから「なぜ?」と問われると、「なぜって……それ以外ありますか?(自分でも理由を説明できない)」と言って苦笑されることも多かった。

また育成に携わり始めた頃は、「これは、こうやったらうまくいくんじゃない」とチームメンバーにアドバイスをしたところ、「木山さんは、それでうまくいったのでしょうが、なぜ、私もそれでうまくいくと言えるんでしょうか」と言われて困ったことも思い出す。

●SE・プログラマー出身者の思考パターンは「完璧主義」

SEやプログラマー(特に大規模なシステム構築に携わってきたタイプ)には、ロジカルではあるものの、完璧主義で、細部に至るまで整合性を担保しようという傾向が強い。

プログラムは完成しない限り動かないし、バグがあってはトラブルが多発する結果になるわけだから、プロとして仕事を進めるうえでは当たり前の話である。

もちろん、コンサルティングにおいても、細部の整合性は重要である。我々もＩＴに関連した仕事を請け負うときなどには、プログラマー的な思考が必要になることもある。

しかし、新規事業の立ち上げのプロジェクトなどでは、メリハリをつけること、仮説をベースとして見切り発車で、走りながら軌道修正することも必要だ。全社の方向を左右するような経営判断の場においては、大局的な見地に立って細部に目をつぶることもあるだろう。

要は、仕事の特性に合わせたアプローチが必要、ということだ。

ＢＣＧにおいては多様なタイプのプロジェクトがあることから、さまざまな考え方やアプローチを使い分けるということに徐々に慣れてくる。入社当初苦労していたプログラマー出身のコンサルタントも、前職の「思考のクセ」を意識するなかで、多様なプロジェクトに対応できるようになっていく。

なお、最近は、ＡＩを活用するなどＩＴシステムの開発環境も大きく変化してきていることから、旧来型のプログラマーとは異なるタイプが増える可能性が高いことも追記しておく。

●金融機関出身者の思考パターンは「〝雑〟を嫌う」

金融機関といっても融資担当か審査担当か、日系か外資系かなどによって鍛えられ方が異なるため、ビジネスパーソンとしての動き方にはかなりの差がある。

ただし、BCGに転職してきた金融機関出身の若手に共通しているのは、「クイック・アンド・ダーティ」と言われるコンサルティングならではの思考方法に最初はなじめないという点だ。

クイック・アンド・ダーティというのは、その英語の意味する通り、「大きく外していなければ、精度よりもスピードのほうが重要」というアプローチだ。

数字はあくまでも大きな意思決定の材料であり、右か左かを決めることができればよいという場合には、極論を言えば、「桁を間違えていなければよい」という場合もある。

たとえば、まだ顕在化していない市場の規模を推定して、参入の可否を判断するというようなケースにはこのようなアプローチが必要になる。

100億円の市場規模なら見送り、1000億円規模なら詳細検討に進むといった具合の議論がわかりやすい例であり、この場合の100億円が90億円であっても110億円であっても、見送りという結論に変化はない。

こうした思考の方法が、金融機関出身者から見れば「雑に」感じられ、慣れるのにしばらくかかる傾向がある。なお、これは若手スタッフに固有の傾向で、金融機関の人でもシニアになるにつれ、大括りの数字の議論にも柔軟に対応する人が増えるということは追記しておきたい。

ちなみに、当然のことながら、コンサルティングにおいては、精度の高い数字が求められるようなケースも存在する。企業買収において相手企業の企業価値を計算する際に行う、将来のキャッシュフロー予測などがこれに当たる。緻密で精度の高いモデルと正確な数字が不可欠となる典型例だろう。

この場合、企業価値が90億円か110億円かの違いは20億円のキャッシュインパクトに直結することになり、非常に大きな意味合いを持つ。

そして、この手の案件においては、金融機関出身のコンサルタントが大活躍することは言うまでもない。

●医療関係出身者の思考パターンは「断言を避ける」

実は、ＢＣＧでは日本だけでも複数の医師出身のコンサルタントが活躍している。彼らと話をするなかで、いつも気になるのが、「客観的に分析した結果を淡々と伝えるにとどめ、最終的にどうすべきか、という自分自身の意見を断言することを避ける」傾向があることだ。

理由を聞いていくと、これもやはり前職で培われた行動原理に行きつくことが多い。客観性を前面に出す、断言を避ける、リスクや留意点を（ビジネスという文脈では必要以上に）丁寧に共有しようとする、など。

コミュニケーション上の問題にとどまらずに、問題解決に向けた提言の最後の踏み込みが浅くなるという思考の寸止めが起きてしまうのだ。

ちなみに、コンサルティングという仕事には守秘義務があるため、仕事の内容がオープンにならないということもあり、外部からは、どんな仕事をしているのかなかなか理解されにくい。そのため、結婚式の披露宴などに招待された際に、困るのが会社の紹介だ。結果的には、「企業にとってのホームドクター」という説明をすることが多いというのは完全な余談である。

「思考のクセ」はなくならないが、コントロールはできる

前述の通り、思考のクセは、その人の過去の経験の積み重ねによって形作られることが多い。こうした思い込みや思考のクセを完全に取り去るというのは大変な時間と労力を要することが多い。

では、どうやって自己認識の落とし穴を回避すればいいのか。

我々からのアドバイスはいつもシンプルだ。

無意識の思考のクセを意識化すればよい。

「自分にこうしたクセがある」とわかっていれば、それをマネジメントすることはできる。予見できることであれば、未然に防ぐ手立てを打てる、ということである。

たとえば「客観的な事実の積み上げ」にとどまり仮説まで進まないクセがあるのであれば、正しいか誤っているかは別にして、常にその時点での仮説を「書く」ことを自分に強いることである。

日常生活で言えば、忘れ物がどうしても減らない人は、玄関のドアに持ち物リストを貼ることを習慣化すればよい、ということになる。

たとえば、木山は先にも述べた通り、元々「商社出身者」の思考のクセを色濃く持っているタイプで、ロジックの積み上げよりも「仮説」を重視、成果の背後のメカニズムを考えることや説明することを軽視する傾向があった。そのため、プロジェクト遂行上、さまざまな苦労もしてきた。

ではどうやって対応してきたのか。

まず、そういうクセがあるということを周囲の反応や失敗の経験から学び、意識の上にのぼらせた。特に、プロジェクトマネジャーになり、人に指示を出したり、人を育てたりする必要が生じてからは、このクセの問題をより明確に意識化できるようになった。

次に、ロジックやメカニズムを軽視するクセに対しては、自分がなぜこう考えたのか、なぜ結論はこうなのか、ということを常に明確に提示するようにした。

前述の例で言うと、「結論は、○○です」のあとに「なぜならば、△△という事実が新たにわかり、それと過去の□□という検討を組み合わせることで、○○という結論に至るからです」ということを必ず付け加えるようにした。

正直、この対策を始めたあとも、「なぜならば」以降は拙いレベルであり、厳しい指導を受ける状況は変わらなかった。

しかしながら、新しいやり方を何度も繰り返し徹底することで、答え・成果に直進する考え方をしながら、それに対するメカニズムの考察も同時にできるという新しい思考パターンを身につけることができた。

思考のクセは残りつつも、新たな思考パターンを身につけることによって、それを無害化したのである（図2－2）。

思考の特徴を武器にする

ちなみに、過去の経験は、マイナスの思考のクセにもつながるが、逆に武器にもなりうる。

たとえば、弁護士や会計士出身者は、法律や会計といった専門知識はもちろんのこと、分析における客観性を失わないという観点で頼もしいメンバーになる。

官公庁出身者は社会的な使命感が強く、論理的であるとともに言語能力が高いことが多い。行政や規制に関する知識ももちろん強力な武器だ。

商社出身者は、ビジネスへのインパクト、成果へのこだわりを強く持って仕事を進めることが自然にできる。また、不透明な状況でも、「スタンスをとり」、仮説に基づいたスピー

思考のクセとの付き合い方
図2－2

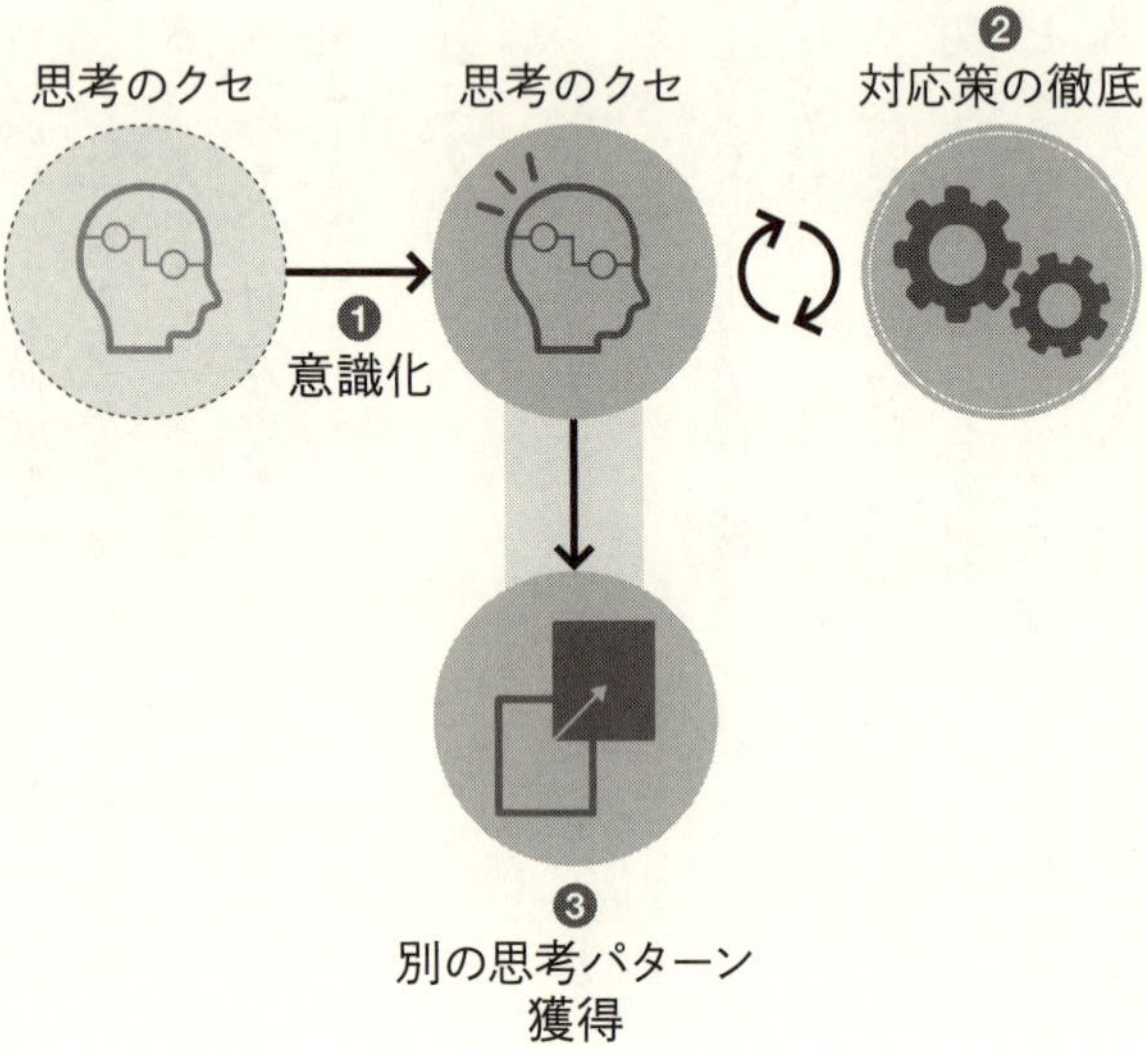

ディな仕事の進め方ができる。

ＳＥやプログラマー出身者は、プロセスマネジメントやプロジェクトマネジメントに強く、また納期を守るという意識が非常に強い。ＩＴ関連の専門知識はいまや経営に不可欠だ。

医療関係出身者は、業界の専門性がきわめて高いし、ロジックも強い、社会の役に立ちたいという意識も高い（ことが多い）などの強みがある。

このように、過去の経験により培われた思考のクセにはプラス面もあればマイナス面もある。成長の妨げとなりうるマイナス面を自覚したうえで、意識的にマネジメント、コントロールすることが肝要である。

同時に、（過去の経験により培われたものも含めて）自分ならではのプラスの面を十分に発揮すればよい。

「思考のクセ」を仕事の障壁にしない工夫

もちろん、思考のクセは何も職業経験からのみ作られるものではない。学生時代までの経験や日常の生活、周りにいる人間のタイプ、家庭環境など、さまざまな要因からできあがってくる。

たとえば木村について言えば、「楽観的に考える」という思考のクセが強い。先のことを考えるときに、常に「何とかなる」と思ってしまう。幸せな人生を送るということでは、間違いなく得をしている。仕事面でのプレッシャーが強く、多くの無理難題に立ち向かわないといけないコンサルタントとしても、役に立つことが多い思考パターンだ。

しかし、提携交渉の支援、新規事業の立ち上げ支援など、不確実性が高いテーマに携わるうえでは、「転ばぬ先の杖」の発想を持てないというのは致命傷にもなる。

この場合でも、やること、考え方は同じである。

楽観的というのは性格でもあり、ポジティブな効果もあるので、いまさら変えようとはしていない。そうではなく、そのような思考のクセがあることを自分で強く意識して、そのクセが「悪さ」をしないように対応策を打つのである。

たとえば木村は、仕事においては、意識して性悪説に立ち、悲観的なシナリオを作っておくことで、自分の思考のクセがプロとしての仕事の障壁にならないように工夫している。

成長も一種の問題解決である

ここまで読んでこられて、目標設定をして、自己認識をして、その差分（ギャップ）を埋めていくというやり方が、**問題解決の思考パターンときわめて似たものである**ことに気づいた方もいるかもしれない。

その感覚は正しい。

問題解決に際しては、あるべき姿（ありたい姿、ターゲット）を設定し、現状を正しく認識したうえで、その差分を埋めるための方策を考えていく。

成長というのも一種の問題解決である。したがって、まずターゲットを正しく定義して、自分自身がどういう状態にあるのかを正しく理解する、ということが成長に向けたきわめて重要な基盤になるのである。

その基盤がないと、正しい差分がわからないため、正しい成長ができないのも当然である。

まとめ

☑ 正しい目標設定と正しい自己認識がないなかで、やみくもに頑張るだけでは、必要な成長を成し遂げることは困難。

☑ 正しい目標設定をするためには、「スローガン」や「あの人になりたい」ではなく、自分の個性も踏まえた具体的な設定をする必要がある。

☑ 正しい自己認識には、「自分のことしか変えられない」という意識で自分を厳しく、謙虚に見つめるとともに、無意識の思考のクセも意識化することが大事。

☑ 正しい目標設定と正しい自己認識は成長という問題解決の基盤。

第2部

育つ人、育てる人

第3章

成長を加速させる鉄則

第1章、第2章では、BCGにおける成長と育成の大原則である2つの方程式を紹介した。

続いて第3章、第4章では、どうすればうまく「育つ」のか、「育てられるのか」について実践的な方法論を探っていく。第3章では、「育つ側」に、第4章では「育てる側」に焦点を絞って、BCGでの経験をもとに具体的な取り組み方を紹介する。

さらに、第5章では、「育てる」側のミドル層が経営幹部へと育っていくために考えるべきことについて述べる。

本章では「育つ側」にスポットライトを当てる。現在の環境において速いスピードでの成長がビジネスパーソンに求められることを確認したうえで、高速の成長を実現するために有効な鉄則を、量・質の両面から探っていく。

そして、周囲の支援や協力も得て成長のサイクルを回し続け、成長への機会を多く手にし続けるための意識の持ち方にも触れる。

問われるのは、成長の〝スピード〟

短期と長期の成長の両立が必要

高い目標を掲げ、課題意識があり、日々の仕事に実直に取り組んでいれば、人は必ず成長する。ウサギとカメの話ではないが、長期的にはコツコツまじめに努力し続けた人が大きな成長を遂げる。

努力し続けるということは、誰にでもできることではなく、そして、努力を継続することは、何らかの効果を必ずもたらすものである。したがって、短期的には成長が遅くても長期で伸びる「大器晩成」は大いにありうる話である。

ところがビジネスの場においては、短期、中期、長期のすべての時間軸で成果をあげることが求められる。

特に昨今のように、事業環境の変化スピードが上がるなかでは、10年後に成果をあげるからといって、それまで何の成果もあげなくてよいなどということはありえない。むしろ、今年、そして3年後に成果をあげてこそ10年後にチャレンジするためのチケットが手に入るというのが実情だろう。

このようなビジネスの実態を踏まえると、育てる側も、育つ側も一定以上のスピードでお客様に貢献し、自社の成果にも貢献できるように「成長させる・する」ことが重要になってくる。

もちろん、いきなり10年選手のようになりましょう、というのは現実的ではないが、1年目なら1年目、3年目なら3年目において期待されるレベル以上になることが求められる（そして、求められる成長レベルは高くなってきている。わかりやすい例で言うと、各社とも社員に求める語学能力は10年前、20年前と比べてはるかに上がっているはずだ）。

各段階での成長レベルを超えていないと、次の成長に向けて仕事面でもチャレンジする機会が与えられにくくなり、次の段階での成長を遂げることも難しくなっていく。

残念ながら、10年後に向けて短期は忘れて「大器晩成」で成長していく、ということが許されにくい環境になってきている。

つまり、「成長するかしないか」が問われているのではなく、「**どんなスピードで成長するか**」が問われているのである。

ＢＣＧに中途採用で入ってきたメンバーは、「ＢＣＧでは、ほかの企業と比べて非常に速いスピードで成長することができる」と感じることが多いようだ。

これには、そもそも日々の仕事で求められるスピード感が非常に速いという側面に加えて、難易度の高い仕事を与えられる機会が多い、人材育成の仕組みが整っているといった要因があるのだろう。また、非常に速いスピードでの成長を求められていること自体も影響しているに違いない。

しかしながら、そのＢＣＧのメンバーの間でも、成長スピードには個人間のバラツキが存在する。

我々の観察によれば、このことに一番影響しているのは、与えられた時間をどう有効に活用できるか、の差である。

１日に与えられている時間は誰であっても平等に24時間しかない。ＢＣＧで働くという環境が同じであっても、その、平等に与えられた時間をどう使うかによって、成長スピードは大きく変わるということだ。

学びの「面積」を増やす法則

成長スピードを上げるために時間を有効に活用するアプローチは、大きく2つの種類に分かれる（図3－1）。

1つ目のアプローチは、学びの絶対時間を増やす「量」的アプローチだ。

これは何も、睡眠や休息の時間を削って仕事に費やせと言っているわけではないし、そのような方法はお勧めもしない。

どのような人でも、睡眠や休息が足りないと集中力が低下し、結局は仕事のパフォーマンスが低下する。当然のことながら、そのようななかでは学べることも少なくなるからだ。

では、どのようにするのかというと、**学びのスイッチが入っている時間を増やす**ことだ。

たとえば朝9時から午後5時まで会社にいるとして、「仕事中にもかかわらず、スイッチがオフになっている」時間がないだろうか？　業務外の時間帯に学びのスイッチを切ってしまっていないだろうか。どんなときでも、「学びのスイッチを切らない」ことを意識的に行うことによって、成長につながる学びの時間を圧倒的に増やすことができる。

2つ目のアプローチは、時間当たりのリターンを上げる「質」的アプローチだ。

学びの面積を増やす
図3－1

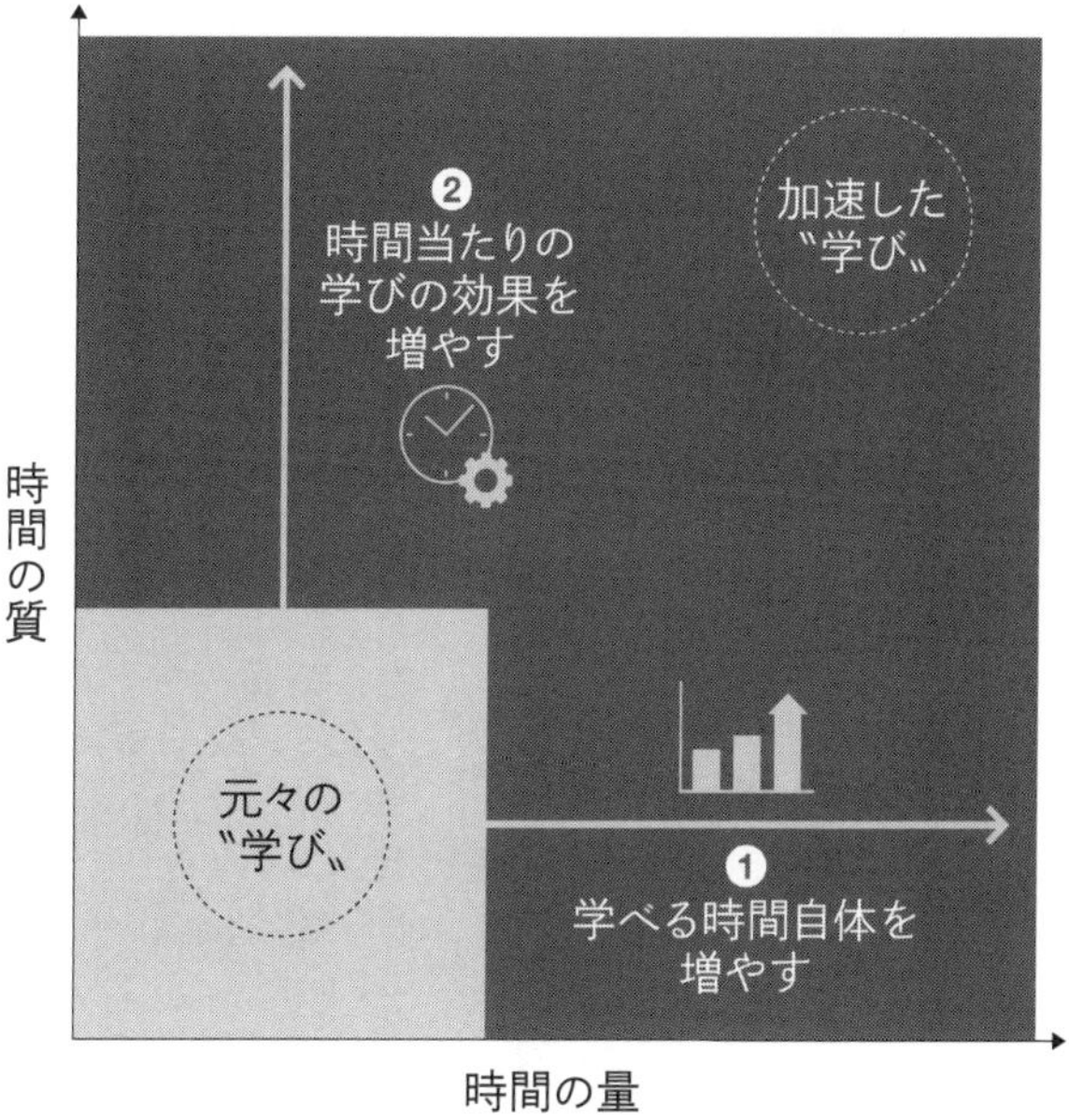

同じ時間を使って、同じ経験をしても、そのなかから学べるのが、1か10かによって、成長に向けた効果は大きく違ってくる。

また、「正しいもの・良いもの」がどんなものかがわかっていて学ぶのと、そうでないのとでは効果が違うし、学んだことを活かせるように学ぶのと、そうでないのとでは同じ時間の学びの効果は異なってくる。限られた「学びの時間」のなかから、最大の学びを得られるようにすることで、成長スピードを加速させることができる。

では、具体的にどうしたら、オンの時間を増やしたり、時間当たりの学びを増やしたりできるのか。

成長スピードが速い人にどのような共通点があるかを探ることで、彼ら・彼女らが実践している「**1（量）×3（質）の法則**」が見えてきた（図3－2）。

成長スピードの速い人は、このいずれかだけでなく、すべてを実践している。

以下、それぞれについて詳しく見ていこう。

4つの法則の関係性
図3－2

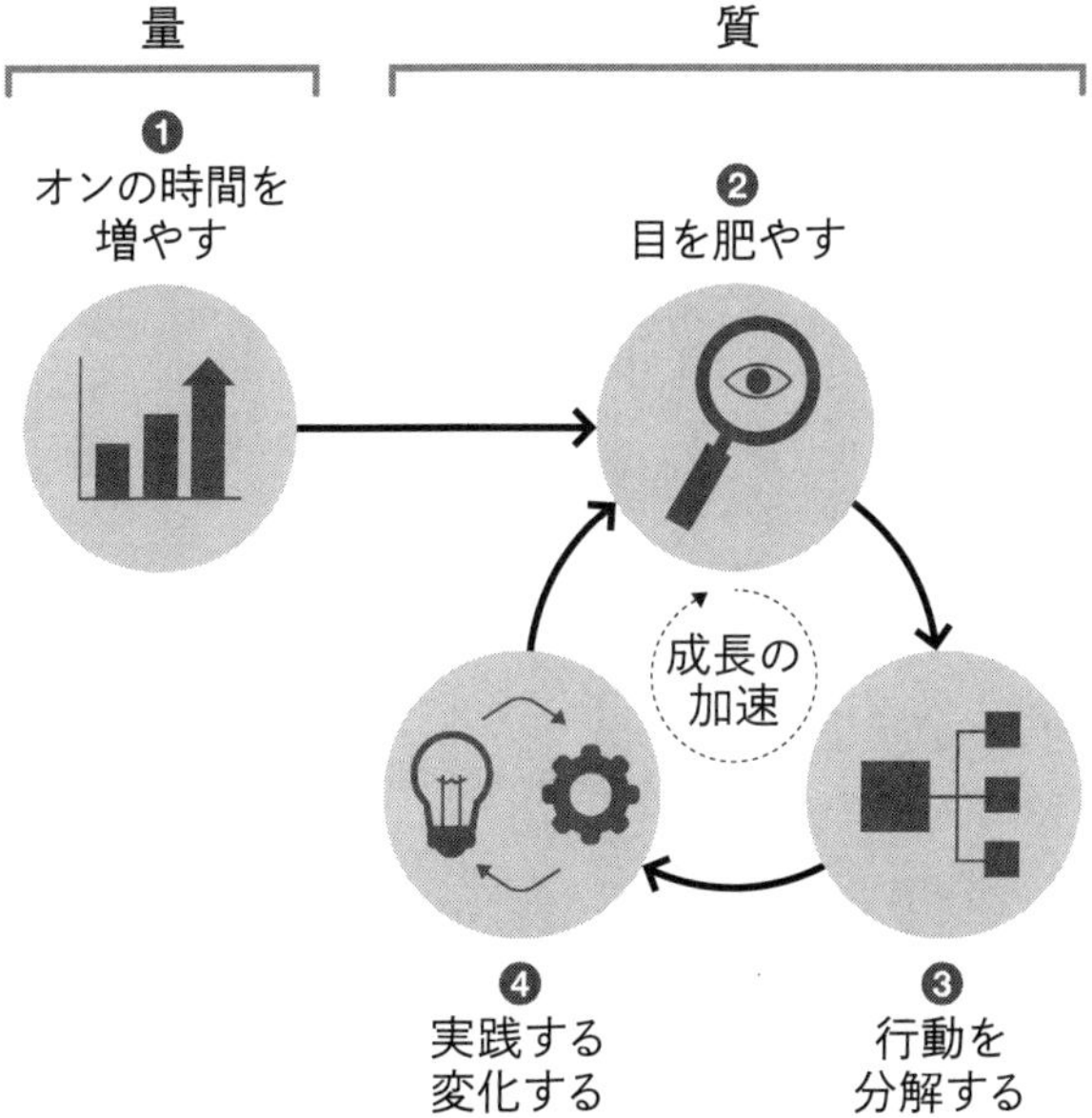

鉄則1――スイッチ〝オン〟の時間を増やす

常に学びの種を探し続ける

先に、「『仕事中にもかかわらず、スイッチがオフになっている』時間がないだろうか？」と書いたが、「仕事中はオンに決まっているではないか」「会社にいる間は仕事で忙しく、オフにしている暇などない」と思った人もいるかもしれない。

ここで言う〝オン・オフ〟とは、何も、仕事中にネットサーフィンで遊んでいないかとか、仕事中に寝ていないか、といった意味ではなく、「常に学びのアンテナを立てていますか？」ということを問うているのである。

決して仕事をサボっているわけではないが、漫然と、仕事という名の「作業」をしているだけだと、学びのアンテナは「オフ」になっていることが多い。

たとえば、次の質問のなかで自分に当てはまるものはないだろうか。

●「こんな会議には意味がないな」と思いつつ、ぼうっと会議に参加している
●与えられた仕事（単純作業含む）に対して、「作業」として手だけ動かしている
●自分の仕事が全体のなかでどのような意味があるのかを知らない、考えていない
●隣の担当者、隣の課が何をしているのか、よくわかっていない
●同じような失敗、ミスを繰り返す
●大量のブログやメールを日々読んでいるが、何も深く記憶に残っていない

1つでも当てはまるものがあれば、それはオンの時間を増やせるということだ。

情報は、漫然と過ごしていると、目には入っても意識に残らない。ヨーロッパ駐在が決まると、急にヨーロッパに関する報道が目につくようになる。子どもが生まれると、育児や子育てに関する商品や書籍が目にとまる。

我々が普段の生活を通じて接している情報量は非常に多い。ところが、ほとんどの情報は意識の網にかからず、記憶に残らないのである。

常に「気づき」を求めてアンテナを張っている人のところには、次々と成長につながる

学びの種が飛び込んでくる。同じ時間を「仕事」に費やしていても、与えられた「作業」を、漫然と受け身でこなしていると、何も残らない。

単純作業に見える仕事にも、成長のチャンスは隠されている

ここで、20年以上前になるが、木山がコンサルタントとして駆け出しの頃のプロジェクトでの経験を紹介したい。

当時、ＢＣＧでは、ミーティングが終わったあと、会議で書き込みがあったスライドのコピーをとって配布するのが経験の浅いコンサルタントの仕事と相場が決まっていた。

木山が参加した最初のミーティングは、競合分析と顧客インタビューの内容が物議をかもし、大変な盛り上がりを見せて終了。

木山自身は正直なところ、議論の流れとスピードに十分ついていけたわけではなかった。それでも、最低限の仕事をきちんとやろうと、会議終了直後に急いでコピーをとって配布した。すると、すぐにマネジャーから電話がかかってきた。

「スライドの順番を考えてコピーしたのか？」

そして、マネジャーはこう続けた。

「もし、これで順番を考えながらコピーしたというのなら、かなり（議論の流れを理解する）スジが悪い。なぜこれではいけないのか、説明するからすぐに自分のところに来い。万が一、順番のことなど何も考えず、手だけ動かしてコピーしたのなら、それはもっと問題だ。**BCGには、頭を使わず、ただこなすだけの作業は存在しない**」。

実際、木山は、「コピーをとって配る」ことを〝作業〟として捉え、議論の流れやそこからの示唆を意識して並べるなどということはまったく考えずに、ただ集めたスライドをコピーしていたのである。

もし、ここでスイッチを「オン」にしていれば、集まった順番でスライドをそのままコピーするようなことは考えられず、それぞれの書き込みを踏まえた順番に並べ替えようとしたはずである。

そのことによって、もう一度議論の内容を振り返り、自分が理解できなかったことを明確にし、必要に応じてマネジャーに質問するなどして、学びに活かせたであろう。

分析シートにデータを打ち込んでいく、情報を検索する、誰かを迎えに行く、など一見、単純作業のようであっても、あるいは自分の仕事には関係のなさそうなタスクであっても、自分のスイッチさえ入れていれば、工夫もできるし、多くの学びの機会になるのである。

ccメールを「自分ごと」にすると見えること

さらに、学びのスイッチが常にオンになっている人は、他人の経験も自分の経験に変えることができる。

たとえば、毎日膨大な量のメールがｃｃで入ってくることと思う。「自分に宛てられたものではないから」と他人ごとと捉えると、それらは単なる参考情報にすぎなくなる。

しかし、「このメールに書いてある、『クライアントの反応を想像してさらにその一手先を考えろ』ということは、自分の担当パートでも同じことが必要になるな」「このAさんの報告内容はちょっとわかりにくいな。自分がAさんだったらどうやってまとめただろうか（もしくは、自分がマネジャーだったら、どんな返答をするだろう）？」と、当事者意識を持って捉えれば、それは成長につながる学びの種となる。

実際、こうしたメールのやりとりをｃｃで見ていた若手スタッフから、「今朝のクライアント宛てのメールでは、あえてネクストステップを明確にしない形式になっていましたが、なぜですか？」と質問を受けたことがある。

自分が直接関わっていないのに、横で起きていることにも疑問を持って質問してくる人は、すごい勢いで周りから吸収し、成長する。

そして、同じことは、ミーティング中の他メンバーとマネジャーの会話や、クライアントミーティングでのマネジャーやＭＤＰの対応や、行き帰りにおける何気ない会話などでも言える。

ＢＣＧのクライアントのなかにも、ご自身の仕事とＢＣＧの違いは理解したうえで、あえて自らの業務やビジネスとの共通点や、応用可能な点を見出し、私たちから「ワザを盗んでやろう」としている若手の方々もいる。彼ら・彼女らは、「なぜこうしているのか？」「なぜこういう意見を出してくるのか？」「なぜこうした質問をしてくるのか？」などと積極的に質問してくる。

こういったクライアントは、瞬く間に我々のワザを彼ら・彼女らなりに身につけていく。反対に、我々もクライアントの方々がやっていること、考えていることから多くのことを学ばせていただいている。

常に、**学びのアンテナをオンにしておくことで、他人の経験までも自分のものにすることができる**のである。

青い鳥を探す前に、「すぐ近く」を見よう

先に紹介した、「自分がやりたいことはこれではない」「まだ自分がやりたいことがわからない」と、〝青い鳥〟を探し続けて、自分の目の前、足下に意識がいかない人は、アンテナをオフにしていて、なかなか学びのスイッチが入らない傾向がある。

「自分がやりたいのはこれではない」「自分のやりたいことがわからない」から、目の前のことに一生懸命になれない、本気になれない、ということになるのである。

しかしながら、本来は、やりたいことでなくても、アンテナを立ててオンの時間を増やし、周りから貪欲に吸収すべきなのだ。

吸収したことは必ず、その後「やりたいこと」に出会ったときに活きるはずだ。

一流の料理人は、すべての手順に〝理由〟がある——仕事外で学ぶ

仕事中に、オンの時間を増やしてアンテナを立てることを意識していると、それは習慣化し、次第に仕事以外の時間にも広がっていく。通勤途中でも、趣味の時間でも、テレビを見ているときでも、学びの種がアンテナにひっかかってくるようになる。

たとえば、新聞の記事や雑誌の見出しなどからでも学ぶことができる。

「これこれこういうことがあり、こういう結果になった」というような解説を読んだ際に、本当にそうなのだろうかと疑問を持って、自分なりに頭のなかでロジックを組み立て直す習慣をつけると、物事を論理的に考える訓練になる。

また、結果しか書かれていないときに、なぜそういうことになるのだろうか、とそのような結果になりうる原因について多角的に考えることを続けると、仮説を立てるいい訓練になる。これなら、混雑した通勤電車内でウェブニュースの見出しを見るだけでも学べるのである。また、服を買いに行った際の店員の言動から、人への接し方を学ぶこともできるし、スーパーで食料品を買うときにも、商品の陳列を見ていると、売るための工夫やストーリーを考えるヒントなどが転がっている。

要は、普段から頭を止めない（オフにしない）で生活をすることで、学びの時間はいくらでも増えるのである。

たとえば、木村は、飲食店のカウンターで食事をする機会があると、料理人の仕事を見ながら質問をするクセがある（おかげで店の人とすぐに仲良くなれる）。

それによって学んだのは、一流の仕事人は、常に自分自身がやることの意味を考えて動いているということだ。いつもと違う位置に包丁を入れるのは、「何となく」ではなく、必ず理由があってのことだし、1つひとつの手順に必ず説明可能な根拠がある。漫然とした、無意識の行動は1つもない。

そして、それらが意識的に実践されているため、こちらからの質問に対して、必ずすぐに明快な答えが返ってくる。

これは、自分が仕事をするときにおいても、いかに1つひとつの行動を考えて・意味を持たせて実行するか、ということに対するいい動機づけになった。

ちなみに、当然ながら、人間、本当に休むべきときはしっかり休むことも重要である。意識して「オフ」にする(=頭を空っぽにする)ことができるようになるのも、コンサルティングを長く続けるうえでの秘訣である。仕事が気になって気が休まらない状態が続くと、中長期的にはパフォーマンスが低下する。

ここまで、成長に向けて「オンの時間を増やす」量的アプローチについて解説してきた。次に、オンになった時間を上手に使って学びの効率を上げる質的アプローチを紹介したい。

鉄則2——自分の「目を肥やす」

いいものを見ることは、きわめて効果の高い学び方

料理人の例が続くが、一流の料理人に話を聞いていると、下積みの時代から、おいしいものをたくさん食べ、自分の舌を磨くことにお金と時間をかけている方が多い。どんなものを食べても「おいしい」と思えるのは幸せなことだが、本当においしいものを知らない人は、おいしい料理を作ることはできない。

「成長」、一流の料理人が言うところの「精進」には、こうした努力が欠かせないそうだ。同様に、絶えず自分の実力以上の「いいもの」やお手本に触れていないと、実力を伸ばすことは難しい。少なくとも実力を伸ばすスピード、効率は悪くなってしまう。前述の「守破離」でもそうだが、まずは手本、それも**良い手本にたくさん触れて、そのエッセンスを自分のものにしていく**ということは、洋の東西を問わず学習の基本動作であり、きわめて

効果的かつ効率的な手法である。

これをコンサルティングの具体的な状況に置き換えてみると、相手に伝わる、良い提言資料をまとめられるようになるには、とにかく多くの「良い」資料を見ることが必要だということになる。最初は、具体的にどうすれば、そのような「良い」資料が作れるかはわからないかもしれないが、「しっかり」見ていくうちに、それらの共通点が見えてくる。「ここは自分でもまねできそうだ」というポイントがだんだんわかってくるのだ。

たとえば営業職に当てはめてみると、「できる先輩や上司」に同行させてもらい、その過程を見ることがそれに当たるかもしれない。また、企画が仕事であれば、「いい企画書」が手本に当たるのであろう。学びたい領域によっては、書籍や上司・先輩の経験談なども有効な手本になる可能性がある。

自分だったらどうするか、という見方をする

数多くの良い手本を「しっかり」見ることが重要だと書いたが、見方にもコツがある。それは自分がやるとしたら、という目で見ることである。野球の試合にたとえると、「観客席から見る」のではなく、「ネクストバッターズサークルから見る」ということだろうか。

観客席から、「わー、すごい！」と他人ごとのように見ていても、「しっかり見た」ことにはならない。ネクストバッターズサークルに立ち、「次は自分の出番だ。自分だったらどうするだろう？」と、自分が実践することをイメージしながら見る。

最初は、イメージしようとしてもできないかもしれない。それでも、観客席から観客の立場（見るだけで実際はやらない立場）で見るのではなく、自分が実践することを念頭に置きながら、とにかくたくさんの良い試合を見る。

すると、だんだん「どこをどう意識すべきか」がわかってくる。将来自分が到達したい姿のイメージを、より具体的に持つことができるようになるのだ。

いざバッターボックスに立ったときに、もちろん最初はまったくうまくいかないだろうが、試行錯誤のスタート台の高さを上げることができる。

「良いもの」「お手本」を自分ごととして意識して見ることは、そこから直接学びを得るとともに、「良いものとは何か」や、「自分とお手本の間の距離感・違いは何か」を知ることにもつながる。

その結果、目指すべき姿や、今の自分に何が足りないかが具体的にわかり、第2章で述べたような、正しい目標設定や正しい自己認識をするうえでも役に立つのである。

鉄則3——自分の行動を「分解」する

行動を「因数分解」する

ビジネスシーンで、過去の経験がそのままの形で活かせることはあまりない、というと多くの方に賛同いただけるだろう。

ところが、実務経験による成長という観点では、この当たり前のことを意識して、学びにつなげることができている人は意外と少ないという印象を持っている。成長が速いというのは、1回の経験をどこまで広い範囲での応用につなげられるか、ということだとも言える。

たとえば、社内報を作ったとして、これを「社内報の作成」という経験としてしか〝引き出し〟にしまえない人は、次に社内報を作成するときにしかその経験を再利用できない。

しかし、応用力がある人は、1の経験を5にも10にも使うことができる。

「社内報の作成」を一度経験しただけで、その経験を、社内報とは一見無関係のさまざまなほかの仕事にも応用できるのだ。彼ら・彼女らが何をしているか、見てみると、

「振り返り」↓「因数分解」↓「整理」↓「応用」

といったプロセスを行っていることがわかる。

まず、「振り返り」だ。

指示されたことが終わったからと安心するのではなく、「なぜこのタイミングでこれを行ったのだろうか?」「これをこのような順番で行ったのはなぜだったのか?」「自分の作業のあとに、相手はどんな作業をしたのか?」などを詳細に振り返っている。そして、必要に応じて質問し、疑問点をクリアにしている。

次は、実際に担当した仕事を「因数分解」するステップに進む。

「社内報の作成」を因数分解してみると、社内の他部署との調整や、外部業者への外注作業、スケジュール管理など多岐にわたる。また、単なる作業手順だけでなく、仕事の進め方に関する考え方、業界や業種特有の文化やルール、相手に喜んでもらうためのちょっとしたコツなども学ぶことができる(図3-3)。

次に、因数分解した結果を「整理」してみると、何も「社内報の作成」に限らず応用範

図3－3

因数分解のイメージ

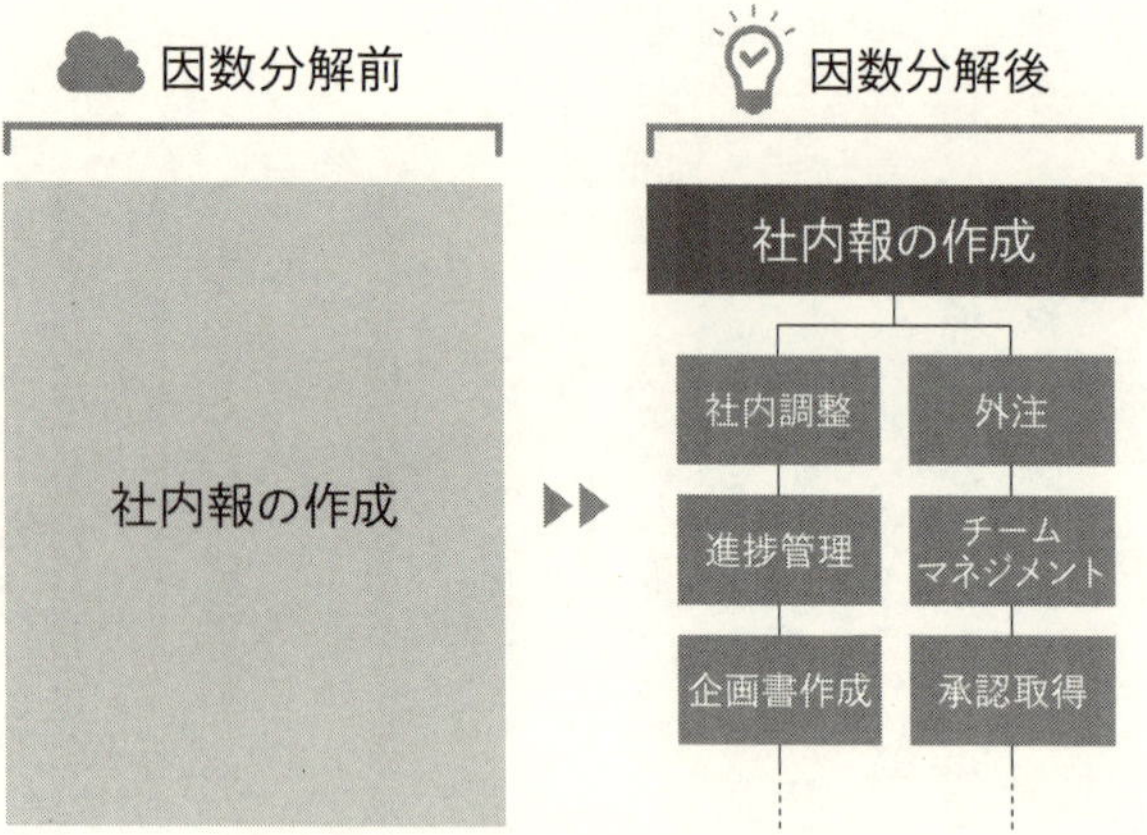

囲の広い作業が多く関わっていることがわかる。それぞれの作業について、注意すべきこと、うまく進めるためのコツなどが学べれば、次の「応用」では、ほかの業務で活用できることがたくさんあるとわかるはずだ。

つまり応用力のある人は、「社内報の作成」としてではなく、「因数分解して整理した結果」を引き出しにしまうので、1の経験が5にも10にもなるのである。

留意点は、「振り返り」でとどまらず、「因数分解」→「整理」まで進むことである。振り返りでとどまってしまって、因数分解以降のプロセスをやらない人は、抽象的な学びしか得られず、応用力が身につかない。

仮に「マーケティング力強化のワークショップ」を企画・開催したとしよう。

終了後の学びが「何事も、準備が大切であることを確認できた」では、抽象的・普遍的すぎて、次からの自分の仕事のやり方を改善するうえではたいして役に立たない。これは、自分の経験を振り返るときだけに当てはまることではない。人から受けたアドバイスも、「特定のある場面で受けたアドバイス」ではなく、因数分解し、エッセンスを抽出して、ほかの類似の場面でも使えるアドバイスとして、応用可能な形で引き出しにしまうことが可能だ。

すると、1のアドバイスから5や10の学びを得ることができる。1つの経験について、本質を理解して因数分解し、整理できれば、対応できる・応用できるパターンが大幅に増える。

行動を「リバースエンジニアリング」する

「リバースエンジニアリング」は一般的に、プログラミングや製品の開発でよく使われている手法だ。完成した機械（製品）を、順番に分解しながら、その製品の特徴などをつかんだり、不具合の原因を探ったりする。プログラミングであれば、できあがったプログラムについてさかのぼって分析していく。

自身の行動に関しても、この「リバースエンジニアリング」の考え方が役に立つ。

思考や意思決定の場合は、プログラミングや製品と違い、分解したりさかのぼったりする対象が目に見えない。しかし、一見理由がはっきりしていなくても、すべての行動には何らかの理由、根拠がある。結論が突然、天から降ってくることはない。

行動に至るまでの自分の思考をさかのぼって分析し、どうしてそうしたのか、あるいは、しなかったのか、を明らかにするのが、行動のリバースエンジニアリングだ。

あえてデフォルメした例で解説してみよう。

たとえば、今日の昼食にカレーライスを食べた、というのも、「何となく」思いついたように見えるが、リバースエンジニアリングをしてみると、何らかの理由が考えられる。

まずはきっかけだ。クライアントを訪問する途中でカレー店の前を通りかかり、カレーの匂いに刺激されたのかもしれないし、朝つけていたテレビで、誰かがカレーを食べていたことが意識に残っていた可能性もある。

そして、現実的にランチに使える時間が30分しかないこと、徒歩5分の所においしいカレーライスを食べられる店があること、カレーなら着席後すぐにサービスされること、食べ終わるまでに15分程度しかかからないこと、などの情報が行動に影響している可能性が高い。

実際にはカレーを食べた行動の背景を探る意味はないが、どのような行動であっても背景をさかのぼる考え方ができるリバースエンジニアリングの例として紹介した。

「なぜ、誤った選択をしたか」を突き詰める

それでは、実際に学びにつながるリバースエンジニアリングを紹介しよう。この手法は

失敗したときに特に有効な手法である。

つまり、「なぜできたのか？」よりも「なぜできなかったのか？」ということこそ、上手にリバースエンジニアリングをして次につなげるべきなのである。

単に「なぜできなかったのか？」を追究するだけでは、真の失敗の理由はわからない。失敗の真の理由を浮き彫りにするうえで、自分に向けるべき問いは、「なぜ○○しなかったのか（なぜ正しい選択肢Aを選ばなかったのか）？」ではなく、「**なぜ△△したか（なぜ誤った選択肢であるBを選んだのか）？**」だ。

おそらく少し考えただけでは、「なぜ△△したのか（なぜBを選んだのか）？」という答えは出てこないだろう。自分がなぜそのような意思決定をしたのかという理由を、意識的に突き詰める必要がある。

自分の担当パートの進捗が予定よりも遅れて、マネジャーから厳しく叱責されたとする。よく出てくる反省は、「今後は計画から遅れないように進める」「次からは実現可能な計画を立てるようにする」「今度は、もっと早めに遅れるかもしれないと報告する」といったものだ。

しかし、現実には、今までできなかったことが、「スローガン」を掲げるだけで急にできるようにはならない。

だからこそ、自分の思考をさかのぼり、自分に質問を向けるリバースエンジニアリングが欠かせない。

そもそもどういう目算を立てていたのか？　想定以上に時間がかかったのはどの部分なのか？　遅れる兆候が見えたときには、どのような思考の結果、報告を先延ばしにするという選択をしたのか？　などを、自分に問うてみるのだ（図3－4）。

もしかしたら、これまでは段取りを詳細に考えなくても何の問題も起きなかったのかもしれない。直前のプロジェクトでは、途中での進捗遅れを最終的に取り返し、事なきを得たという経験があったのかもしれない。

そうした、過去の「大丈夫だった」というある種の成功体験に引きずられてしまったという例は多い。または、マイナスの情報を抱え込み、人に伝えることを後回しにしてしまう傾向（クセ）があるのかもしれない。ひょっとすると、そもそも「進捗管理」のやり方自体をよく理解していないのかもしれない。

失敗に向き合い、原因を突き詰めるのは、楽しい作業ではない。しかし、ここで深い振り返りのプロセスを怠ると、真因はわからないし、次に活かせる学びにつながらない。行

図3－4

リバースエンジニアリングのイメージ

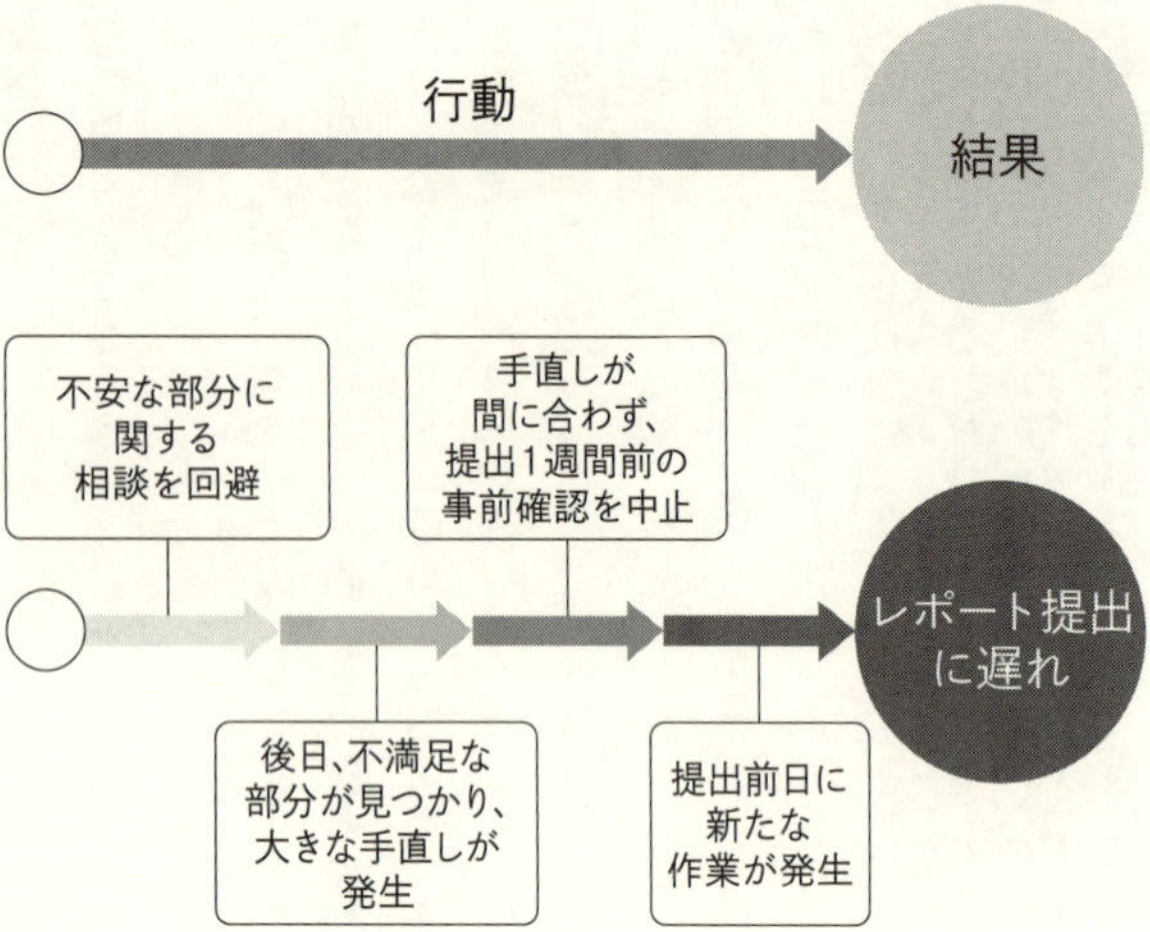

きつくところまで突き詰めて分解して考えることで、自分が本当に学ばなければいけないこと、変えなければいけないことがわかるのである。

もちろんうまくいった場合にもリバースエンジニアリングは有効だ。

何かをやってうまくいったとしても、それだけでは再現性が担保できない。「なぜうまくいったのか」がわからなければ、それは「たまたまうまくいった」だけで、1回の成功経験は、そのときだけのものになってしまう。

したがって、リバースエンジニアリングを行って、なぜうまくいったのかをしっかり理解しておくことで、1回できたことをその後も再現でき、さらには得意技にしていくこともできるのである。そうすれば、1回の成功経験を、その後、5倍にも10倍にも活かすことができる。

何となくの「経験則」で結論を出してはいけない

話は横道にそれるが、通常のビジネス判断に向けた議論でも、このようなリバースエンジニアリングの発想は非常に役に立つ。

ある企業のインド市場での展開をどのように進めるべきか、検討しているときに、「デリー地区では、代理店を使って成功しているようだ。ムンバイ地区でも代理店を使って進めてみたらどうだろうか」と発言しようと思ったとする。

しかし、これも発言する前に少し引いた目で考えてみることが必要だ。単に、デリーでうまくいっているからというだけで、何となく経験則で結論を出してはいないだろうか。そこに至った理由や根拠を説明できないのであれば、ただの勘ということになる。

しかし、デリーで代理店が成功しているメカニズムをリバースエンジニアリングして、市場環境や代理店の果たした役割などを整理して分析なども行った結果、ムンバイの状況と共通点があったため、この意見に至ったのであれば、実施に向けてさらに検討する価値があるだろう。一方、このように明確に理由や根拠を説明できないのであれば、まずはメカニズムを理解するところから始めなければならない。

鉄則4――とにかく実践する、変化する

高速かつ大量に学びPDCAを回す

ビジネスにおいて実践に勝る成長機会はない。人の成長度合いは、どれだけ実践を重ねたかに比例する。実践を重ねるということは、失敗の数を重ねることでもある。

しかし、失敗しても足を止めず、チャレンジを続ける人こそ、経験のなかから多くの学びを得て、成長できる人になるのである。

実践を繰り返していくことは、2つの面で成長に不可欠だと言える。

1つ目は、実践からしか学べないことが多いためだ。

バッターボックスに立ち、本番の空気のなかでバットを振らないとわからないことはたくさんあるだろう。相手ピッチャーとのかけひきや緊張してしまったときの動き方など、試合の緊張感のなかで迎える打席だからこそ、得られる学びも多い。目を肥やして学んだ

「お手本」や、自らの行動を分解して得た気づきは、その後、それを実践し、試行錯誤してみて、初めて自分のものになるのである。

ビジネスの世界は複雑で、変化も激しく、正解がない。いろいろとやってみて、結果的にうまくいったものがその時点での正解だし、その道のりに近道は存在しない。実践を重ね、試行錯誤するなかから正解を見つけるしかない。

2つ目は、実践し続けることで、そのこと自体が学びの機会になることである。

つまりたくさん実践すればたくさんPDCA（計画、実行、チェック、アクションのサイクル）を回せるので、その分だけ気づきの機会も多くなる。

加えてPDCAを素早く回すことができれば、学んだことを使いこなせるようになるまでの時間を短縮できる。

「とにかく実践を重ねろ」と言うと、根性論的な印象を受けるかもしれないが、単純な根性論で言っているわけではない。

（根性も含めて）実践することに、多数かつ高速のPDCAサイクルを掛け合わせることで、素早く、着実に成長していくことができるようになるのである。

良い手本や、因数分解、リバースエンジニアリングなどで学んだポイントを身につけるためには、こうした実践プロセスは必須である。どんなに小さな機会でも確実に捕まえて自分の実践の場とすれば、それだけ学びを成長につなげる機会が増える。それを繰り返すことが、成長を加速することにつながるのだ。

思いきって、自分を〝壊す〟

お手本や分解結果を見てみると、時に、自分のこれまでのやり方を大きく変えることが必要だとわかることがある。こうしたとき、「変わらなくてはならない」ということを見なかったことにしてしまうと、「目を肥やす」ことや「因数分解」「リバースエンジニアリング」の効果は激減する。

確かに、人間は、自分の何かを変えることには抵抗を感じるものだ。しかし、せっかく学びがあったとしても、自分のやり方を変えないと、成長のスピードはそのやり方の範囲でしか高まらない。同じやり方を続けていると、成長はし続けるであろうが、どこかでスピードが落ちてくる。

前述の例だと、「マイナスの情報を人に伝えることを後回しにしてしまう傾向がある」

とわかった時点で、そんな自分を壊せるかどうかが分かれ道になる。こうした自分を変えないままでも、仕事は滞りなく進むだろうし、ほかにも改善点はあるだろうから、そちらに取り組めば、まったく成長しないわけではない。多くの人はこうして、自分のやり方を変えることを嫌うあまりに、できるだけ自分を変えずしてアウトプットを変えようとしてしまう。

しかし、それで得られる成長には限界がある。

因数分解やリバースエンジニアリング、そのほか、上司や先輩、お客様に受けた指摘などをきっかけに、自分のそれまでのやり方を〝壊す〟ことができる人は、壊して自分を変えることによって、飛躍的に成長できるのである。

そして〝壊した〟結果の新しいやり方を身につけていくためにも、実践を重ねて学びのPDCAを高速かつ大量に回すしかないのである。

「育てられ上手」「任され上手」になる

前節までで、成長のスピードが重要であること、そのためには「量」×「質」を踏まえた取り組みが有効であることを述べてきた。

本章の最後に、逆に成長が加速しないタイプを紹介しよう。

育てられ下手――成長が加速しないタイプ①

成長を加速するためには、能動的な考え方と行動が必要だ。何かが与えられるのを待っていてはダメで、自分が置かれた環境のなかから、貪欲に成長の種を見つけてものにしなくてはならない。

自分で成長しようという意欲を持ち、前述のような正しいマインドセット、目標設定や自己認識ができている人、そのうえで本章で述べた取り組みを実践して成長を加速させようとしている人を見ると、周りの上司や先輩たちは自然に「成長を手伝いたい＝育てたい」

という気持ちになる。そして、それによりさらに成長が加速するという、プラスのスパイラルに入る。

ただ、いったん周囲が育てようという気持ちになってくれたとしても、「育てられ下手」だと、せっかくのスパイラルが断たれてしまう。

その1つの典型が「受け身」なタイプである。つまり、「成長させてほしい」「何かを与えてほしい」という考え方をしてしまう人のことである。

このような受け身の考え方をするのと、「何かを取りに行く」というのでは、気づける成長機会自体に大きな差が生まれてくるし、周囲も取りに来る者には与えやすくなるものである。極端な場合は、「周りが育ててくれない」「何かが与えられない」というような、第2章で述べた原因他人論に陥る例もあり、そうなると成長は止まる。

BCGでも時々、「今のマネジャー（チーム、会社）は、育成熱心ではない」「自分の育成になかなか時間をかけてくれない」という不満を言う人がいる。

しかし、周りを見渡してみると、そのマネジャー（チーム、会社）は別の人を熱心に育成していることが多い。

繰り返すが、会社は学校ではない。会社は仕事に対する貢献への対価として給料を支払っている。人材育成のための費用と時間も、将来の仕事に対する貢献を期待しているからこその投資なのである。

会社があなたの成長に対して熱心ではないと不満を言うのは、「自分はそれだけの成長ポテンシャルがあると判断してもらえていない」と宣言しているのと同じだ。

おそらく、「育ててくれない」と不満を言っている人に対しても、マネジャーや先輩はまったく放置しているわけではない。仕事の進捗にそれとなく気を配ってくれていたり、仕事をうまく進めるためのヒントを与えてくれていたりする。

ところが、本人の意識が「オン」になっていないとか、「しっかり」見ていないがために、それに気づいていないだけということがしばしば見られる。

そうなると、育成する側から見て、「投資対効果」が低いという結果になり、好循環の成長サイクルが回らない。

先ほども書いた通り、成長はきわめて能動的なプロセスだ。

「成長したい」が「成長させてほしい」になったとたん、その人の成長は鈍化し、最悪の場合は止まってしまう。

任され下手――成長が加速しないタイプ②

成長を加速させるためには、仕事をたくさん任せてもらい、自身ですべったり転んだりしながら学んでいく機会はとても貴重なものだ。仕事を任せてもらえないと、そのような貴重な機会は得られない。それなのに、なかなか仕事を任せてもらえない人たちも存在する。

それが、成長が加速しないもう1つの典型的なタイプである「任され下手」である。

このパターンの人は、仕事を任されたとき、その仕事を抱え込んでしまい、結局、成果をあげられなかったり、周りに迷惑をかけてしまったりすることが多い。その原因は「仕事を任される」とは、「仕事を全部自分でやる」ことだと誤解している場合が多い。「自分で全部やらないといけない」と思い込んだ結果、仕事を抱え込んでしまうのである。

これは仕事ができない人だけに多い現象ではない。

これまでは仕事を難なくこなし、〝優秀〟とされている人でも、「少し本人の実力を上回っていて、難易度が高め」と思われる仕事を任せると、悩んで、悩んで、丸1日（またはそれ以上）抱え込んでしまうようなことが起きる場合が多い（ひょっとすると仕事ができる・

できてきた人ほどこの傾向は強いかもしれない)。

「せっかく自分を見込んで、難易度の高い仕事を任せてくれたんだ。何とか自分だけでやってみよう」という心意気は悪くない。

しかし、抱え込んでしまった1日を振り返ると、何も生み出していない、成果を出していない時間になっている。

こうなると上司も不安になり、マイクロマネジメントに偏りがちになり、自分で考える、自分で失敗する、という機会を得にくくなってしまうのである。

一方、こうした難易度が高めの仕事を任せると、自分で考えることをまったくせず、最初から「どうしたらいいんでしょうか?」と答えを聞いてくる人もいる。

これもまた困ったもので、主体的に考えて動く気がなく、リーダーの指示を受けて作業を行う、フォロワーや作業者としてのメンタリティから抜けられない。このような人は前者に比べれば、確かに成果を生み出す近道を取ろうとはしているが、本人の成長にはまったくつながらない。

任せてもらえる人は、上司とコミュニケーションをとる

では、成長が速い人は、こうした難易度が高めの仕事を任された場合にどうするのだろうか。

全部は自分でわからないとしても、まずは、30分なり1時間なり、どのようなアプローチ（手順）で取り組むとよいかについて、自分で考えて組み立ててみる。不安だったりわからなかったりしても、だらだらと抱え込んで考え続けるのではなく、自分が考えた案を持って、上司に相談してみる。

「ここまで考えてみましたが、どうでしょうか?」「ここまでは考えてみたのですが、ここからどう進めていったらいいのかわかりません」といった具合だ。

そうすると上司の側も、「こいつは、詰まったら言ってくるから、任せておいて安心だ」と思うようになり、かえって自身の自主性の範囲が広がり、経験できる機会も増えていく。このような人は「任され上手」と言えるであろう。

マネジャーは、ただ「仕事を投げてくる人」「仕事を評価する人」であるだけではない。自分のアイデアをぶつけてみて確認したり、行き詰まったときに助言を求めたりする相手

でもある。

そういう意味では、マネジャーという存在は、チームのパフォーマンスを上げ、自分が成長するために、上手に〝使いこなす〟べき相手なのだ。仕事は決して「自分1人」でやる必要はなく、チームとして最大の価値をどう出すのか、ということを理解していれば、このような動き方もそう難しくはないはずだ。

ここまで説明してきたような「任され下手」は、「自分で何とかしよう」という心意気が強いことから来ていたが、そうではなく、わからないことを早い段階で詰めておくということが能動的にできないがために、抱え込んでしまう人も多い。

たとえば、お客様との定例会議の前に、「会議で使う資料を作っておいて」という指示をしたとする。そのようなタイプの人はここで、何を持っていけばいいかわからず、考え込んでしまう。

そして、翌日になって「資料の準備はどう?」と聞くと、「まだ考えているところです」と言う。「何を、どこまで考えているか教えて」と聞くと、「これとこれを持っていこうかと思っていて……」と答える。しかし、「なぜこれを持っていこうと思ったの?」と聞くと、その根拠はしどろもどろ。はっきりした理由が述べられない。

一方、能動的に不明確な点を詰めていける人は、最初に指示をした段階で、「前回はどんな議論がありましたか？」「次回の会議の目的は？」「誰が参加しますか？」など、さまざまな質問を投げかけてくる。

指示を聞きながら、その場で、「さて、資料を準備するにあたって、どんな情報が必要だろうか」と考え、足りない情報をどんどん取りに来るのだ。そして必ず、資料を作成し始める前に、どんな資料を準備しようと考えているのかを、上司にそれぞれを準備しようとする理由とともに説明し、確認する。確認し、軌道修正をしたうえで、実際の資料作成に入るのだ。

必要な情報を集めて自分で考え、途中で確認のプロセスを入れるので、的外れのものができあがる可能性が低い。同じ指示を与えても、前者と後者では、成果物が上がってくるスピードや質に大きな差が生まれるし、本人の経験値も大きく違ってくる。

このようなパターンでも上司は、結局前者にはマイクロマネジメントへと傾き、後者には「任せる」ようになる。やや逆説的に聞こえるかもしれないが、「任せてもらう」ためには、積極的に上司とコミュニケーションをとることが必要なのである。

自分が「育てる側」ならどうするかを意識する

「育てられ下手」「任され下手」について触れたが、ここで育つ側の皆さんには立ち止まって考えてもらいたい。もし皆さんが育てる立場、仕事を任せる立場だったら、どんな人を育てたい、どんな人に任せたいと思うだろうか。

仕事や機会を自分から積極的に取りに来る人と、機会を与えてくれと待っている「育てられ下手」な人。どちらに対して、忙しいなかで自分の貴重な時間を使って育ててあげたい、何とか機会をあげたいと思うだろうか。

また、自分で仕事を抱え込んでしまって前に進まなくなるリスクの高い「任され下手」な人に、上司であるあなたは、難易度の高い、すなわちチームや会社にとって重要な仕事を任せたいと思うだろうか。

そう考えると、「育てられ下手」「任され下手」な人は実践の機会が減り、結局は、さらに成長の機会が減るという負のスパイラルに陥ってしまう、ということも理解できるのではないだろうか。

今のあなたには、もしかしたら、「育つ側」という意識しかないかもしれない。しかし、管理職になるまでにも、後輩を教える先輩として、2、3人のグループをまとめるリーダーとして、「育てる側」に近い役割を求められる機会が出てくるだろう。

早いうちから、「自分が育てる側なら、どう感じるか、どう考えるか」を意識しながら仕事に取り組むことで、育てる側になったときのための準備ができるだけでなく、「育てられ上手」「任され上手」になり、自身の成長を加速させることができるはずだ（図3－5）。

図3－5
育てられ上手／任され上手になる効果

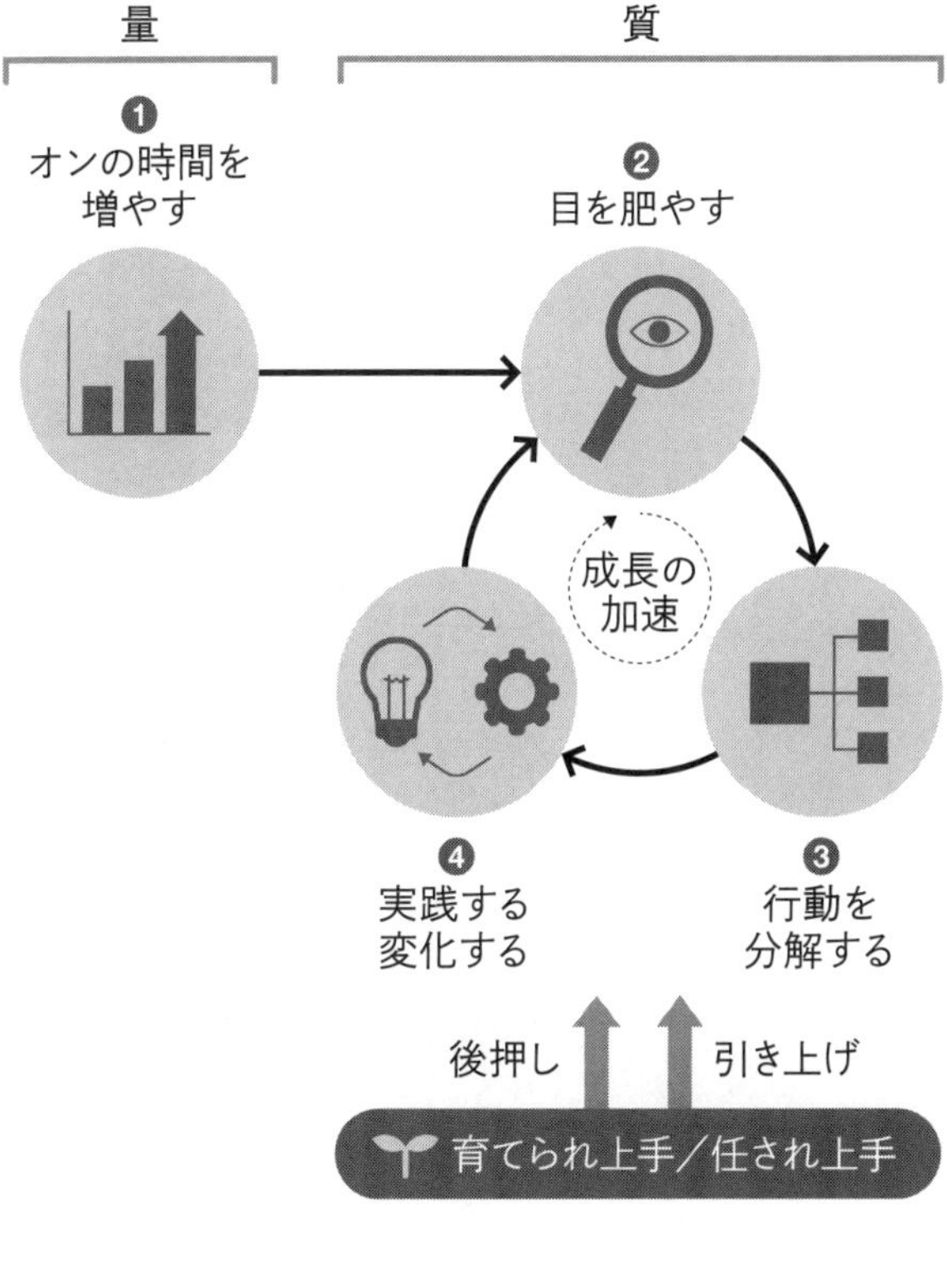

まとめ

- ☑ 努力を続ければ成長はできる。いかにスピード感を持って成長できるかが問題。
- ☑ 24時間は万人に平等、学びのアンテナを立てた「オンの時間」をいかに増やすかが成長に差のつく第一歩。
- ☑ 確保した「オンの時間」に「目を肥やし」「自分の行動を分解し」「学びを実践して、自分を変える」ことで、同じ時間でも育つスピードを加速することが可能。
- ☑ 「育てられ上手」「任され上手」になるために、自分が「育てる側」ならどうするかを意識することが有効。

第4章

「育成」を仕組み化〜自動化する

前章では育つ側についての方法論を説明したが、本章では、育てる側にスポットライトを当てて、どのようにすればうまく育成できるのかを考えていく。

初めに育成がうまくできない人によく見られる考え方を挙げ、育成についての基本姿勢をあらためて考えたうえで、著者らが経験を通じて編み出してきた、育成上手になるために効果的なやり方について具体的に説明する。

そして、日常どのように育成を行っていくのか、というプロセスの一例として、育成者個人としての取り組みと、組織としての育成の仕組みの両面から、ＢＣＧで行っていることの一端を紹介する。

育成下手の考え方

これまで、育つ側の基本姿勢・スタンスやものの考え方について、繰り返し語ってきており、その重要性についてはご理解いただけたかと思う。

では、育てる側に求められる、ものの考え方というものはあるのだろうか。

我々の経験では、育てる側にも、身につけておくべき基本的な考え方や姿勢がある。それらについて具体的に述べる前に、まず、育成がうまくない人に共通して見られる考え方を紹介しながら、どこに問題があり、どう変えたらうまくいくのかを考えていきたい。

「育っていない」のは誰のせい？——原因部下論

BCGでは、クライアント企業のリーダー層・中堅リーダー層の育成に関わることも多い。彼ら・彼女らとどうやってチームを作っていくかという議論をすると、最初は必ず愚痴の言い合いになる。

「最近の部下は根性がない」「任せたくても、やり切れないことがわかっているので任せられない」「いくら指示しても、指示と違ったものが上がってくる」「そもそも指示待ちが多すぎる」「やりたくはないが、仕方なく自分でやっている」……。

いかに自分の部下が頼りないか、仕事ができないか、という話で盛り上がる（その後「そう言っても何も変わらないんですけどね。自分から動かないと……」と展開する）。

しかし人は〝きちんと育てれば〟必ずある程度は成長する（と我々は信じている）。逆に言えば、育て方が悪ければ、成長できる人も成長できない。

仕事ができない部下について愚痴を言っているマネジャーは、厳しい見方をすれば、自分の「育て方」が下手であることを露呈しているだけとも言える。

ヨーロッパに本社を置くあるグローバル企業で、グローバルレベルでの幹部候補生育成プロジェクトに関わったときのことだ。

最初の2週間で、経営陣および幹部候補50名へのインタビューを実施することになった。幹部候補育成がプロジェクトのテーマになるくらいだから、当然ほとんどのインタビューで「人が育っていない」という話が出る。

ところが、経営陣の1人はこう語った。

「私なら、『部下が育っていない』と言うマネジャーは全員クビにする。部下の育成はマネジャーの仕事。そんなことを言う人は、『自分は仕事をしていない』と責任放棄をしているに等しい」

まずは自問自答してみよう

第2章で、自己認識の落とし穴として、最初に「原因他人論」を挙げたが、実はこれは育てる側にも当てはまる。

部下が育たないことの原因を、部下のやる気や資質など、自分以外のものに求めた瞬間、リーダーとしての成長は止まる。

「指示通りの仕事ができない」と言う前に、相手にとってわかりやすい指示が出せていたか、そもそも正しい指示をしていたのか、と自分に問うてみるべきだ。

「こちらから指示しないと動かない」と言う前に、部下が指示なく自分で判断してやった仕事を、頭から否定したことはなかったか、自分で判断する暇を与えず次々に詳細な指示を与えていなかったかを自問自答すべきだろう。

育てる側、育てられる側の両方が、原因自分論に立ち、振り返りの結果を自分自身に返すようになると、そのチームは無敵だ。

チーム全体の成長のスピードが、何倍、何十倍にも加速する。

「育成」と「成果」はトレードオフだと考えてしまう

マネジャーから上がってくる育成の悩みで多いのが、「目の前の仕事が大変すぎて、育成に手をかけている余裕がない」というもので、チームとして「成果をあげること」と「育成」の両立に悩んでいる。ただ、綺麗ごとを言うようだが、「育成」と「成果」は、相反するのだろうか。我々の経験から言えば、必ずしもそうではない。両立は十分可能だ。

部下の潜在能力を最大限発揮させれば、仕事の成果をあげることに近づくはずだ。そして潜在能力をギリギリまで引き出すことは、「育成」にとってもっとも大事なことなのである。ということは、うまく「育成」できている状態というのは、最大限の成果も得られる状態になっているはずである。

それなのになぜ、「育成」と「成果」をトレードオフのように考えてしまうのだろうか。

それは、「育成」がうまくできないために、「育成」に時間を使っても成果にはつながらず、そうであれば、自分でやってしまったほうが早い、という「負のサイクル」に陥っているからであろう。しかし、そのような状態はチームの力を出し切れておらず、出ている「成果」もベストのものではないのではなかろうか。

育成上手は〝質問〟上手

それでは、どうしたら「成果」をあげながら、確実に、かつ、できるだけ短期間で、部下を成長させることができるのだろうか（図4－1）。

また、どうしたらマネジャーが手取り足取りサポートし続けなくても、自分で成長を続けられる人を育成できるのだろうか。

以下に、我々が多くのスタッフの育成を通じて見出し、日々実践しているやり方のなかから、コンサルティング業界に限らず、多くの方のヒントになりそうなポイントを抽出して紹介したい。

ここでは育成する側を意識してまとめているが、必ずしもチームリーダーや管理職など、若手を育てる側の人にのみ有益な話ではない。

自分自身を育成する（つまり、自分を成長させる）ために必要な考え方や手法でもある。成長を加速させたいと考えている人は、第1～3章とあわせ、ぜひ参考にして実践してほ

図4－1
「育成」と「成果」の両立

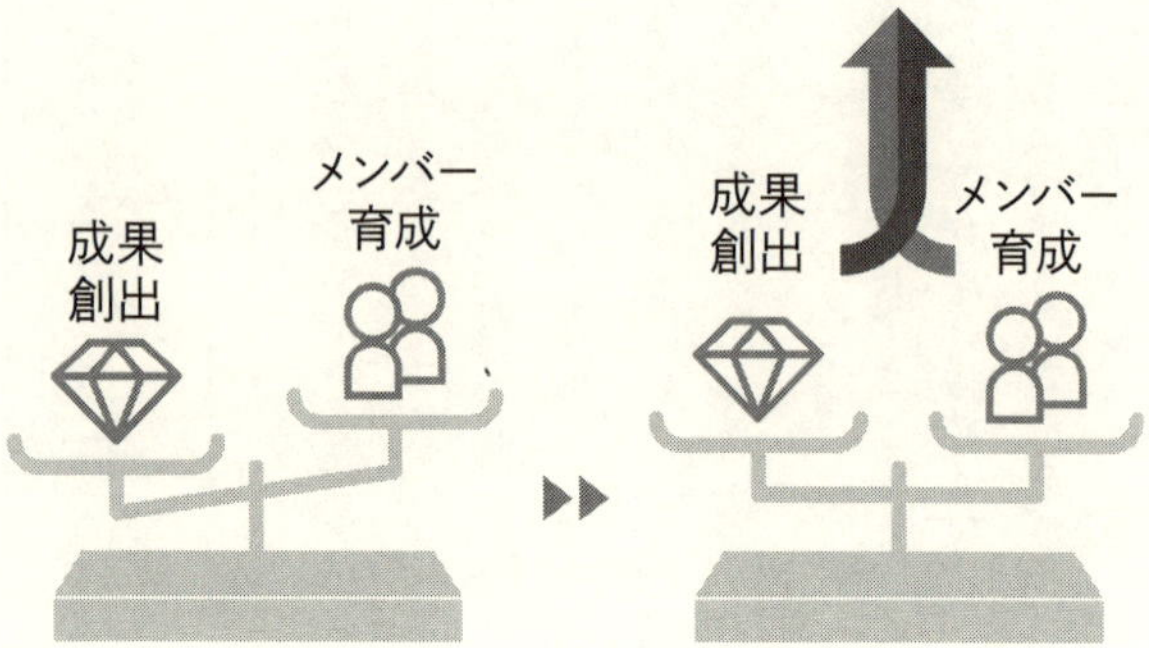

しい。

徹底的に質問をする

育成における最初のステップは、「育成される側に、正しい目標設定と正しい自己認識を持ってもらうこと」だ。そして、目標設定や自己認識における課題を本人に自覚させるうえでカギとなるのは、マネジャーの「質問」だ。

いくらマネジャーが、本人にとって適正だと思われる目標を与え、正しいと思われる現状の評価を伝えても、それだけでは本人の成長にはつながらない。適正な目標や正しい自己評価そのものはもちろん大切だが、それ以上に大切なのが、本人がそれらに到達するまでのプロセスだ。

自分自身に向き合い、自分の嫌なところからも逃げずに自己分析し、自分で納得した目標や自己認識を持たないと、そこからねばり強く（失敗も含めた）実践を積み重ねていくことはできない。

第2章でも述べた通り、人は無意識の思考のクセに引っ張られて行動してしまうものだ。ただ、それを「君にはどうやら、物事を楽観的に見すぎる傾向がある。だからリスクに対して鈍感だし、バックアップの対策を考えないで行動してしまうんだ」などと、頭ごなしに決めつけたり、否定したりしてしまうと（言っているほうは気分がいいかもしれないが）、言われた側は萎縮したり反発したりしてしまう。

　そこで思考停止に陥って、自分で分析せず、受け身で行動するクセがついてしまう。

「君はこうだ」と断定するのではなく、しっかり観察した客観的事実を伝えて、質問しながら本人に考えてもらい、会話を通じて気づくことができるように仕向ける。

「お客様から見たら、それはどうだろうか？」「君はどう思う？」――。

　このように質問を上手に使い、相手の無意識レベルの思考を、「読み説いて解説する」ように努めると、相手も少しずつ自分自身に向き合い、振り返り、素直に内省して、自らの気づきが生まれていく。

　まずは質問して、話を聞くことから始めてみてはいかがだろう。

「最近どう？」から始めると、何がわかるのか

木村は、育成担当として個人面談などをするときにはいつも、「最近どう？」という質問から始めている。非常に抽象的で、ほかの場面であれば決して良い質問であるとは言えない。しかし、**育成においては万能**の質問だ。この質問に対する回答は、だいたい3パターンに分かれ、パターンにより対処方法は大きく変わる。

パターン1 「順調です」

まず「順調です」と答える人が全体の1～2割はいる。

ここで、「そうか、順調なのか。特に問題ないようだな。良かった」と納得してしまってはいけない。さらに、「何がどう順調なの？」と質問し、本人が順調だと考えている理由は具体的にどんなものなのかを考えさせる。

順調と考えている具体的な理由を聞いて、それが納得できるものであれば、本当に順調である可能性が高い。

ステップアップさせ、与える課題の難易度を上げることを考えるべきだろう。

しかし大半は、「何がどう順調なの？」と突き詰めていくと、実は「順調だ」と判断する根拠が自分でもはっきりしていない場合が多い。だんだんと「そういえば、この間のプロジェクトでも、自分のパートは問題なくこなせましたが、いろいろなところで先輩にサポートしてもらっていて、自分で全部できたわけではありませんでした」などと、課題が見えてきて、次の「課題が多いです」というグループに流れる。

パターン2 「課題が多いです」

最初から「課題が多い」と答える人と、「順調です」から流れてくる人とを合わせると、全体の8～9割がこのパターンに該当する。

この人たちに対しては、「どんな課題があるの？」と聞く。

すると、これもさらに、2つのグループに分かれる。

1つ目が、「マネジャーにこんな課題を指摘された」など、誰かに指摘された課題を挙げるグループ。これが大半を占める。このグループに対しては、「**人に言われた課題そのままで、本当にいいのか？**」を考えさせる。

たとえば、次のような例を出して考えてもらうことが多い。

「クライアントの会社のことを考えてみよう。社長がメディアのインタビューで、『御社の課題は何ですか？』と聞かれて、『最近、証券アナリストからは、○○が課題と言われています』と答えたとする。こういう社長はどう思う？」

こうした話をすると、「自分の会社のことなのに、証券アナリストに指摘された課題をそのまま言うなんて。会社を自ら経営している立場としてどうかと思います」といった批判が出る。そう言いながら、ここで「……自分も同じだ」と気づく人は気づく。気づかない人には、「あなたはどうかな？」と投げかける。

会社を将来どうしていきたいかという明確な目標を持ち（これは当事者にしか設定できない）、それに対して何が足りていないか、どこが弱いかを分析した結果が、課題であるはず。個人でも同じだ。課題は自分で見出すべきものだ。

また、次のような例を出してみてもいいだろう。「クライアント企業は毎年7％の営業利益率をあげている。さて、この会社の業績は順調と言えるかどうか？」

営業利益率10％を目指している会社にとっては、まだまだ課題が多いと言えるだろうし、5％が目標であれば、いったんは順調だと言える。

さらには、同業他社がどれくらいの営業利益率なのか、ということも考慮に入れる必要がある。もしかすると、キャッシュフローやバランスシートに関連した業績指標を見ないと業績の良しあしを評価できないかもしれない。

つまり、1つの切り口からの結果を見ただけでは本当の課題はわからない。自分で設定した目標があり、それと現状のギャップが見えて初めて課題が特定できる。

高い目標を掲げている限り課題はなくならないし、目標が低ければ現状に対する課題感などわいてこないだろう。

いきなり問題を指摘するのではなく、こうしてさまざまな例を挙げながら、「どうして?」「具体的には?」と質問を投げかけることで、本人が答えに到達するようにガイドしていく。

パターン3 目標と課題とのギャップを答えられる

「課題が多いです」と答える人たちのうち、もう1つのグループは、「自分の○○という目標に、△△という点で達していないことが課題」というように答える人たちである。全体の5~10%程度だろうか。

このグループは、おそらく、自分で目標設定と自己認識をしていて、そのギャップを課題として認識している(しようとしている)。

こういう人たちに対しては、第2章で述べたような「落とし穴」に陥っていないかに注意し、もしそうであれば、質問を投げかけて本人に考えさせ、軌道修正することが必要である。とはいえ、おおむね成長軌道に乗っていると考えられる（図4－2）。

課題は指摘せず気づかせよう

育成者が課題を指摘してしまうのではなく、本人に考えさせ、課題を認識させるためには、どんな質問を投げかけるべきか。

とにかく、答えを与えないようにすることである。相手が言ったことを言い換えて整理する以外は、「なぜ?」（理由を聞く）、「どんなふうに?」（具体的に説明させる）などの質問をひたすら投げかけ続けることだ。

ただし、ここでのカギは、「○○ができていない」という説明に対して、「なぜ○○ができないのか?」という質問をしないこと。「では、何をやっているのか?」と聞くのが、課題の本質への気づきを促すうえで有効となる。

いくつかやりとりの例を挙げてみよう。

図4－2
成長に向けた課題の所在

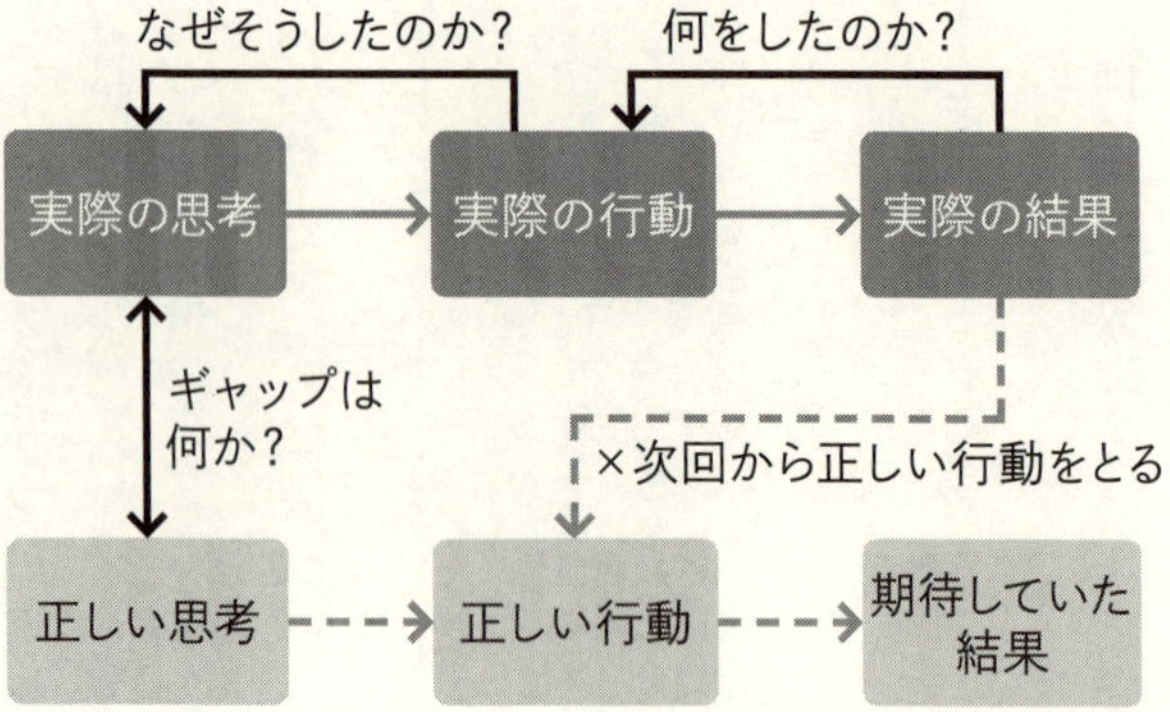

Aさんの場合

Aさん「今の私の課題としては、ロジカルシンキングができていないということがあると思います」

育成者「ロジカルじゃないとすれば、どんな思考プロセスだったの？」

Aさん（かなり考えた末に）「論理的に考えた結果を実行したのではなくて、似たようなケースで、前にうまくいったやり方をただ繰り返しただけだったのかもしれません」

育成者「なぜ前回と同じようなやり方でいいと思ったんだろう？」

Aさん「前にうまくいったときと今回で、前提となる条件が違っていたのに、気がつきませんでした。前回、せっかくうまくいったのに、なぜうまくいったのかという振り返りをしないままだったからだと思います。うまくいったからといって調子に乗っていたのかもしれません。失敗しても、成功しても、きちんと振り返りをして、成功要因や失敗要因を分析しないといけないですね」

Bさんの場合

Bさん「先週作った討議資料ですが、わかりにくいし、お客様が求めている情報が抜け落ちていると、マネジャーに指摘されました」
育成者「なぜそんな資料になっちゃったの？」
Bさん「クライアントの立場に立って考えることができていなかったからだと思います」
育成者「じゃあ、何の立場に立って考えていたの？」
Bさん「う～ん……（しばらく考え込む）。資料を作ることが目的化しており、調べたことをとにかく盛り込まなければという意識だったような気がします」
育成者「クライアントとのミーティングで自分がプレゼンテーションをすることを想定していた？　マネジャーに任せれば何とかしてくれるという意識がなかった？」
Bさん「自分が前面に出るイメージは持てていなかったように思います。これをプレゼンする場を想像してシミュレーションをしていれば、どういう反応が出てくるか予想できたと思います」

おそらく実際のやりとりは、これほどスムーズには進まないだろう。本人が相当考え込み、なかなか答えが出てこないこともあるだろう。

そういった場合でも、答えをこちらが先取りしてしまうのではなく、本人から答えが出てくるのを待つ。どうしても出てこない場合は、1日、いや1週間考えてもらってもいい。

仕事を「分解」し、どこまで任せるかを考える

任せる仕事の難易度をコントロールする

「育成」と「成果」の両立の項でも触れたが、効果的な育成に向けては、本人の実力を最大限引き出していく（実際に最大限引き出すには、さらにその少し上を目指す必要があるが）ことが重要だ。

そのためには、本人の実力に合った難易度の業務を与えることを意識しながら、仕事を

任せていかなければならない。ただ、それには、個々の業務の難易度を的確に把握することと、本人の実力を把握することの両方が必要だ。どちらが欠けてもうまくできない。

なかでも、業務の難易度を把握するのは、それほど簡単なことではない。特に、自分がメンバーだった時代に仕事が〝できる人〟だったというマネジャーは、難易度が適切に把握できない傾向がある。どんな業務でも、人よりうまくできてしまい、〝簡単〟という分類になってしまうからだ。

しかし、業務を任せる際に、次のように業務を「分解」するという発想を持つと、業務の難易度をコントロールできるようになる。難易度別に見ていこう。

一番難易度が高いのが、「論点で与える」方法だ。与えるのは〝問い〟のみ。どんな仮説を立てるか、仮説をどう検証するかも含めて本人に考えさせる。

次が、「仮説で与える」やり方。問いと仮説は与えて、検証の部分だけを本人にやらせる。

その次は「タスクで与える」方法。問いに対する仮説を立て、検証するためにはこうした作業が必要だ、というところまでを与え、「〇〇を立証するためのデータを集めて」などのタスクのレベルで任せる。

そして一番難易度が低いのが、「作業で与える」ものだ。「このデータを、このように調べて、こういう枠（フォーマット）で整理して」という作業レベルまで落とし込んで指示する（図4－3）。

具体的な例で示すと、次のようになる。

●論点で与える　A社のB事業について、中国市場での収益性が悪化している。どうしたらいいか考えてみて。

●仮説で与える　A社のB事業について、中国市場での収益性が悪化している。商品を小売店に運ぶための物流コストがネックになっている可能性があると思うんだけど、調べてみて。

●タスクで与える　A社のB事業について、中国市場での収益性が悪化している。商品を小売店に運ぶための物流コストがネックになっている可能性があると思うんだけど、主力商品のCとDについて、工場から小売店への配送コストがここ3年でどう変化したか、分析してくれる？

●作業で与える　A社のB事業について、中国市場での収益性が悪化している。商品を小

仕事の任せ方
図4－3

売店に運ぶための物流コストがネックになっている可能性があると思うんだけど、主力商品のCとDについて、それぞれの事業部に問い合わせて、工場から小売店への配送コストのここ3年間の変化を、配送業者ごとにこんな感じの表にまとめてくれる？　ここにはこんな数字とこんな数字を入れて、最後にこの行の数字を折れ線グラフにしてまとめてみて。

ハンズオフとハンズオンを使い分ける

前述のような仕事の難易度の分解方法は、「Hands-off（ハンズオフ）か Hands-on（ハンズオン）か」という捉え方もできる。「論点で与える」「仮説で与える」「タスクで与える」「作業で与える」という違いは、つまりはどこからどこまでを任せるか、という任せ方のグラデーションでもあるからだ。

ハンズオフは、「結果」のマネジメントだ。

極端な言い方をすると、仕事を任せると「あとはやっといて」と丸投げするスタイルである。

一方のハンズオンは、プロセスのマネジメントである。仕事のやり方を細かく管理するマイクロマネジメントだ（図4－4）。

世の中のマネジャーを見ていると、この両極の「どちらか」のスタイルの人が多い。しかし、それでは「育成」と「成果」の両立は実現できない。「育成にばかり手をかけていると、チームの成果があがらない」「チームの成果をあげようとすると、育成している余裕がない」とこぼすマネジャーは、おそらくこういう状態にあるのではないだろうか。

育成と成果を両立するには、ハンズオフとハンズオンを使い分ける必要がある。仕事の難易度をコントロールして相手に渡すことは、すなわちハンズオフとハンズオンを柔軟に使い分けることだからだ。具体的には、「**相手によって使い分ける**」「**タイミングによって使い分ける**」という2つの側面がある。

タイミングによる使い分けのコツは、新しい仕事に着手したとき（＝最初）と、仕事を取りまとめる段階（＝最後）は、よりハンズオンにして、その間をハンズオフにするというものだ。

航空機で離陸後の3分と着陸前の8分のことを指す「クリティカル・イレブン・ミニッツ」という表現がある。自動運転とマニュアル運転が切り替わるタイミングであることに加えて、気象条件の影響を受けやすいこともあって、事故が集中すると言われている。

マネジメントスタイル
図4－4

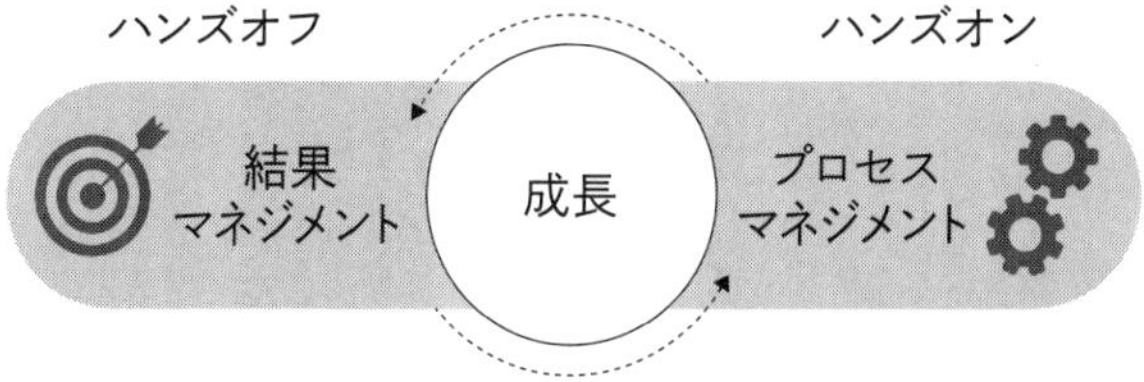

仕事でも、「事故」発生の原因はこの「離陸時」と「着陸時」に集中する。このタイミングにマネジャーとしての意識を集中させることで、メリハリをつけた任せ方が可能になる。

それも、いつも極端な「丸投げ」か「マイクロマネジメント」か、ではなく、「少しオフ寄りのオン」や「少しオン寄りのオフ」というように使い分ける。

すべて任せてやらせてみて、あがってきた成果に対し、できていなかったところをこちらで埋める、というやり方もできる。逆に、途中までこちらでやって、残りを埋めさせる、という方法もある。

本人の力を見ながらハンズオン（マイクロマネジメントのスタイル）から始め、成功体験を積ませながら徐々にハンズオフ（完全に任せるスタイル）に近づけていくとよい。

モチベーションをマネジメントする

最後に問題になるのが、本人をいかに「やる気」にさせて成長を加速させるかだ。

成長は本人にとって意味があるとはいえ、日頃頑張っているうえに、さらに深く考え、反省し改善する、ということを続けていくのは簡単ではない。本人の後押しをすることも、育成者にとっての重要なレバーである。

6割の安心、4割の不安がちょうどいい

感覚的な数値だが、育成のＲＯＩ（投資対効果）を高めるためには、育成される側には「6割の安心、4割の不安」を持ってもらうのがいい。

まず、〝6割の安心〟とは、「育成者が自分のポテンシャルに期待してくれている」「厳しい言葉も、そうした期待感によるものだ」「失敗したとしても、見放されることはない」という安心感。

そして、「自分は、頑張れば成長できる」「人（クライアントやチーム）の役に立てる」という、自分を信じる気持ちだ。こうした拠り所がないと、自分にとっての厳しい指摘を受け入れられず、大変な状況を乗り越えるためのエネルギーが出てこない。

一方の〝4割の不安〟は、「まだ自分には課題がある、成長が足りない」「人（クライアントやチーム）の役に立てていなくて悔しい」「頑張らないと、できるようにならない」といった気持ちだ。

現状の自分に100％満足してしまうと、成長意欲がわかないし、手も足も動かない。育成者は、この2つのバランスがとれた状態を、意識的に作り出すことが重要だ。たとえば、本人の実力と、任せる業務の難易度をうまくマッチングさせ、安心感や成長実感を持たせながらも、さらに成長したいという気持ちを持ってもらう。

簡単な業務ばかり任せられていてはつまらないので、〝4割の不安〟は保てない。一方、難しい業務ばかりではまったく歯が立たず、クライアントやチームの役に立てるという実感がなくなり、〝6割の安心〟を保てない。不安が安心を上回って、〝4割安心、6割不安〟になると、逆に成長のスピードが落ちてしまう。

また、そもそも論で言うと、安心感のベースとして、育てる相手に対して常に信頼感やリスペクトを持って接していることが重要である。

やる気のスイッチをどう押すのか

育成を続けていて感じるのは、人というのは自分のやっていることに価値を感じられないとモチベーションが下がり、タスクに対する集中力も下がるということだ。このような状態では育成効果を得ることは難しい。

特に、大変な状況、厳しいスケジュールになると、「なんで、こんなことをしなければいけないのだ」とその傾向は顕著になる。そのときに問題になるのは、育てる側（マネジャー）と、育つ側（担当）の仕事に関する情報の非対称性だ。

育てる側であるマネジャーは、さまざまな情報を持っており、それに基づいて状況判断を行い、育つ側である担当に仕事を任せていく。

一方で、担当側は限定された状況、視野で、任された仕事について考えている。その結果、任せる側と任される側に認識の相違が生じる。時には、任される側に、認識の相違から来る不満が発生し、モチベーションの低下につながることがある。

これを避けるためには、今やっていることにどのような意味があるのか、なぜこのようなことをやる必要があるのか、ということを、背景とともに正しく伝えておくと効果的である。

ここでいう「意味」は、「育成」にとっての意味もあるが、特に「成果」（お客様の役に立つこと）への意味を伝えることが非常に重要である。「お客様の役に立ちたい」という正しいマインドセットを持った相手であれば、このことを理解すれば「やる気」に火がつくのである。

ここまで育成上手になるための基本的なポイントを3つ紹介してきたが、最後に、その前提としてやっておくべきことをあらためて確認しておきたい。

それは、正しいマインドセットを持つことの重要性を、何度も繰り返し伝えることだ。

これは何も難しいことではないが、育てる側もついついスキルの指導に目が向きがちになり、マインドセットの重要性を伝えることがおろそかになることがある。第1章で述べた通り、正しいマインドセットの設定が持続的な成長の基盤であり、その重要性を腹落ちしてもらうことがきわめて重要である。

育成もPDCAを回す

では次に、実際にどのように育成を進めていくかを考えていきたい。BCGでも長年、育成に携わる者1人ひとりによる現場での最善の方法の探究とその共有、組織としての仕組みの整備の両面から取り組んできた。現在もその途上である。

コンサルティングという職種に特有の側面もあるが、ここでは、そうした我々の経験のなかから広範な業界・職種・組織にも適用できそうな育成のコツを紹介していく。

育成を着実に進めていくために必要なことは、一言で言えば、**質の良いPDCAを回すこと**である（ここでいうPDCAは、通常の業務遂行におけるのと同じ計画、実行、チェック、アクションのサイクルのことを指している）。

育成におけるPDCAには、短期のPDCAと中長期のPDCAの2種類があり、その両方を丁寧に行うことが、育成の加速と確度向上に寄与する。それでは短期のPDCAから説明を始めたい。

ＯＪＴが中心、座学は補完

ＢＣＧにおける育成の中心はＯＪＴだ。座学のプログラムも多数用意されてはいるが、あくまでもＯＪＴの補完としての意味を成すもので、座学だけで育成はできない。それは、第1章でも述べた通り、教科書的な知識はそれ単独ではまったく役に立たず、実践を経て初めて「使える」ものになるからだ。

企業の育成の現場を見ると、ＯＪＴとは言うものの、実は単なる「ほったらかし」になっている場合が多いことに気づく。ＯＪＴとは「ほったらかし」て、勝手に周りを見て、試行錯誤して、学べ、ということではない。前述の目標設定と自己認識をベースに、仕事を任せ、そのアウトプットについてフィードバックを行い、目標に到達するために次は何をすべきか確認させて次の仕事を任せる、というＰＤＣＡを一緒に回す（または、回すようガイドする）ものだ。

成長スピードが上がらない人は、そもそもどのようにすればＰＤＣＡを回せるか、というポイントがつかめていない。今後も自律的に成長できる人になるカギとなるのが、自分で（短期の）ＰＤＣＡを回す力だ。

育成者が関与するうえで特に重要となるのは、ＰＬＡＮ段階における仕事の任せ方、ＤＯ段階における一定の余裕、ＣＨＥＣＫ段階におけるフィードバックの頻度、ＡＣＴＩＯＮ段階におけるアドバイスの与え方である。以下、１つずつ詳しく見ていく（図４－５）。

育成を狙った適切な仕事を任せる――PLAN

まずは、仕事を任せるところからスタートだ。前に正しく任せることが基本という話をしたが、実は、最初から正しく仕事を任せる、少しだけ背伸びした仕事を任せる、ということは至難の業だ。したがって、**試しながら進めること**が必要になる。

まず、任せる相手のこれまでの仕事のレベルを確認して、そのレベルに合わせて短期間で終わるタスクを任せてみる。その経過・結果を見て、次に任せるタスクのレベルを調整する。

さらに、その経過・結果を見て、次のタスクを調整する。初期にこれを繰り返すことで、相手に合った任せ方ができるようになる。タスクのレベル、任せ方に関しては「仕事を『分解』し、どこまで任せるかを考える」をご参照いただきたい。

メンバー育成における短期のPDCA
図4－5

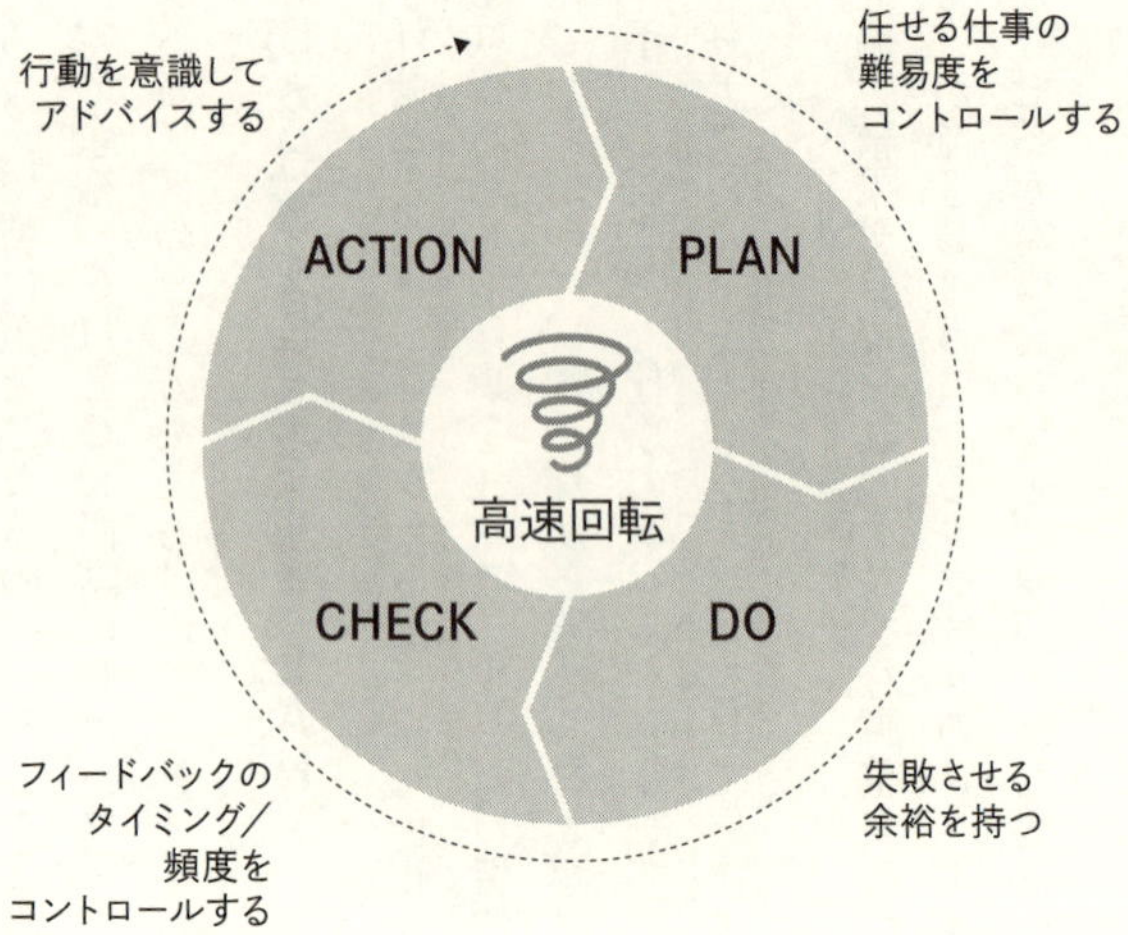

あえて、転ぶまでやらせてみる――DO

次に「実行」に移るが、ここでは、自分自身の課題を把握させるために、コントロールした範囲内で失敗を実感させてあげることが重要である。

実践のなかで失敗し、自分で課題設定や自己認識の問題点を理解したほうが、自分自身の課題について、本当に腹落ちし、納得することができるからだ。また、このことは課題をクリアして成長しようという強いモチベーションにもつながる。

ここで重要になるのが、**「コントロールした範囲内」で失敗させること**だ。失敗が仕事の「成果」に影響するようでは本末転倒であるし、あまりに大きな失敗は育つ側のやる気をそぐことにもなってしまう。

もっとも簡単なのは、社内で失敗させるというものだ。部内での会議・打ち合わせで説明するための資料を作る、チーム内で検討するための案を作る、といった仕事を担当させる。

社外で失敗させるというのは、正直、難易度が相当高い。やるとすれば、たとえば、こんな具合だ。

事前のミーティングがどのように進展することになるのか、という想定シミュレーションを伝えておく。その際に、「お客様はこういうことを気にしているので、ここでこういう質問をしてくるはずだ」「君が考えていた進め方だと、こういう問題が起こるだろう」というような会話を重ねる。

そのうえで、「もし、自分が用意していた資料や考えていた進め方でやっていたら、どうなっていただろうか?」と冷や汗をかきながら、実際にクライアントとのミーティングに参加してもらう——。

こういった工夫が必要になる。

適切なタイミングでフィードバックする——CHECK

次に、育つ側が行っている仕事を確認して、進め方を修正するCHECKを行う必要がある。このチェックのステップは、適切なタイミング・頻度で行うことが重要だが、これもまた簡単ではない。

正しい方向にタスクを進めるためには、高い頻度で細かく軌道修正を行えばよい。だが、極端なハンズオン、マイクロマネジメントになっては良い育成にはならない。一方で、任せすぎてしまうと、今度は仕事自体の「成果」に悪影響が出る。これもまた問題だ。

育つ側の実力がどれくらいかが見えないときや、経験が浅い場合が特にそうだが、できるだけ高い頻度で様子をうかがって、**いざというときには自分がカバーできる範囲かどうかを見極めながら進めること**が必要だ。

そうしておいたうえで、常に口を出すわけではなく、「そろそろ危なそうだな」「よく頑張ったが、このあたりが限界のようだ」というタイミングで軌道修正を求めていけるようになれば上級者と言えるであろう。

繰り返しになるが、すべては「育成」と「成果」を両立するために行っていることを忘れてはいけない。

具体的な行動を意識したアドバイスを行う――ACTION

ＣＨＥＣＫで行ったフィードバックをもとに、どのような改善をすべきか、アドバイスする際には、できるだけ具体的に、アクションベースで伝えることが大事だ。成果ベースで、「こういうことができるようになろう」と言うだけでは、改善につながらないことが多いからだ。

成果ベースとは、たとえば「コミュニケーション能力を上げよう」「プレゼンの力をつけよう」などというものだ。

しかし、そもそも「どうしたらコミュニケーション能力を上げられるのか」「どうしたらプレゼンの力がつくのか」がわからないから困っているのであって、それをあらためて伝えたからといって、改善はできない。

伝える際には、より具体的な行動を示す「アクションベース」にする。

「週に1回は、自分がプレゼンしているところを動画に撮り、必ず見るように」「ヒアリングのときは、相手が言ったことに対し、必ず1つは質問して深掘りすることを意識して」といった具合だ。

このようにOJTのなかで計画的にPDCAをしっかり回していくことで、狙いを定めた効果的な育成を進めていくことができるのである。

短期集中的な育成で成長を自動化

〝集中期間〟で集中的に育成する

次に、通常よりもさらに短期間でOJTのプロセスを凝縮して進める〝集中期間〟というやり方を紹介する。

本来、育成は中長期にわたり継続的に行うことが基本だが、BCGでは期限を区切って集中的に育成を行う〝集中期間〟を設けることがある。多くの企業では、OJTのなかでこういった形の短期集中型の育成を行うという発想はあまりないだろう。

限られた期間内ではあるが、かなり集中的、徹底的な育成を行うので、育成側も時間を使うし、気力・体力を必要とすることは確かだ。

しかし、大変な分、大きく成長する可能性が高いので、長期的に見ると、投入時間に対するリターンは高くなる。使い方を間違えなければ、ROIが高い育成手法だと言える。

短期集中的育成は、誰に対してもやるものではない。まずは、本人に成長意欲、頑張る意欲があるということが前提条件だ（短期集中的な育成は育成側も大変だが、育成される側も大変だ）。

そのうえで、あと一歩のきっかけで、一皮むけそうな人を選んで行う。

投入する時間を考えると、現実的には、マネジャーの立場で、ある期間中に短期集中育成が可能なのは1人だけだ。もちろん、この短期集中育成の期間中だからといってほかのメンバーの育成をおろそかにしてよいということはない。

集中育成の宣言と双方の合意でスタート

最初に行うのは、育成される側との「合意」である。開始する前に育成者は、これから集中的な育成を行うことを相手に〝宣言〟すると同時に、育成される側の同意を得る。育成者が勝手に、本人に伝えることなく開始したりはしない。

その際には、今回は育成のために難しい課題を与えるが、それは意識してのものなので、安心してチャレンジしてほしいということも宣言する必要がある。

たとえば、「今日から○月○日まで、Aさんを集中的に育成する。難しい仕事を任せたり、厳しいことを言ったりすることもあるが、それはAさんが大きなポテンシャルを持っていて、成長の可能性があると確信しているからだ。もし、任せた仕事ができなかったりしても、決して見捨てることはないので、安心してほしい」

このように伝えるのである。

この宣言には、実は育成者の覚悟が求められる。当たり前といえば当たり前だが、この話をするときには、育成者は（口先だけではなく）心からそう思っていることが必要だ。育成される側も立派なビジネスパーソンである。こちらが本気かどうかは簡単に見透かされると考えておいたほうがいい。

集中期間を始めるにあたり、この儀式は不可欠だ。日頃から、育成者と育成される側の信頼関係がしっかり結ばれていれば不要かもしれないが、多くの場合はそうではない。

また、育成者側はそう思っていても、育成される側はそうは思っていないこともあるだろう。特に、BCGのようにプロジェクトベースで働く組織では、育成者と育成される側が長期間にわたり机を並べて日々の業務に携わるわけではない。一緒に働く期間の長さだけが重要というわけではないが、一般に、お互いに十分気心が知れたうえで信頼関係がしっかり結ばれるには、ある程度の時間が必要となるものだ。

「気心が知れた」というほどの関係にはなっていない状態で、いきなり短期集中育成を始められたら、育成される側はとまどい、不安を感じたり委縮してしまったりしかねない。信頼関係を確認したうえでないと、難しい仕事を任され、厳しいことを言われることに対し、「理不尽だ」「なぜこんなことを言われなくてはならないのか」と、不信感を募らせてしまうだろう。それでは育成の効果も半減する。

「厳しくやるが、見捨てない」をきちんと伝える

〝集中期間〟だと宣言することで、これは期間限定の特別な対応であること、あなたのポテンシャルを見込んでのことであり、あなたの成長のためのものであることを、相手にしっかり理解してもらう。

また、パフォーマンスを評価するためのものではないため、失敗しても、それで評価したりはしない、結果の責任は育成者の側でしっかり持つ、途中で梯子をはずしたりしない、ということも伝え、十分納得してもらう。

人は、不安感を抱えていると、何を言われても何も頭に入ってこない。「厳しくやるが、できなくても見捨てない」ということを宣言することで、安心感を持ってもらう。

さらに、育成される側にも、自分はマネジャーの時間を投資してもらっているということを意識してもらう。育成する側は、非常に多忙ななかでも育成のための時間を捻出する。投資してもらっている分、貪欲に学ぼうという意識を持ってもらうのだ。

育成される側は、短期集中で成長実感を得て、成果を出す成功体験を積むと、自律的な成長のポジティブなサイクルが回り出す。

「どうすれば成長できるか」「どうすれば成果を出せるか」を体験しながら学んでコツをつかむ。一度そのコツをつかんでしまえば、その後は育成者が手をかけて導かなくても、自律的に成長し続けられるようになる。

高速PDCAで成長を加速させる

集中期間においては、PDCAのサイクルをより高速で回す。ただ「PDCAを高速で回せ」と伝えるだけではなく、それぞれのステップに育成者が深く関与する。

PDCAを〝より高速で〟回すときに重要なのは、CHECK（＝フィードバック）の頻度を上げることだ。フィードバックの間隔が開くと、仕事の方向性がズレたときに気づくのが遅くなり、チームとしての成果にマイナスの影響が出る危険性も高まる。さまざまなリスクを低くするためにも、小さなサイクルのＰＤＣＡを高速で回すことが必要となる。

具体的には、課題を与えたら、考える時間を短く区切る。

最初のうちは、１日３回、15分間のミーティングを設定する。朝課題を与えた場合は、午後１時頃に15分間のミーティングを設定する。３時間で考えた結果を報告させ、そこで簡単なフィードバックを行う。フィードバックをもとに再度考えてもらい、また３時間後に報告を受ける。

「短期集中の育成は、育成側も大変だが、成果は高い」と言ったのはこういうことだ。育成する側は、自分の仕事も３時間区切りにしなくてはならないし、１日３回、15分ずつのミーティングに付き合うのも楽なことではない。

しかし、頻繁にミーティングを入れて進捗状況を確認することで、ＰＤＣＡの頻度が上がり、育成の効果は上がる。

ここで皆さんは、これはすなわちマイクロマネジメントをすることであり、育成される側の「やる気」をそぐことになるのでは、と思われるかもしれない。また、面談の都度、いわゆる厳しい「ダメ出し」をすることになるので、自信喪失や不満を引き起こすことにもつながるのではないか、という不安もあるだろう。

しかし、ここで最初に行った宣言・合意が効いてくる。最初に、その期間の目的や行うことを宣言し、互いに合意しているからこそ、厳しい状況に耐え、前に進む気力がわいてくるのである。そうでなければ、皆さんが不安に思われるように、単に細かく、かつ厳しく接するだけになってしまい、効果の高い育成にはつながらない。

その後、1日3回ミーティングを行う状態から、様子を見ながら、少しずつミーティングの頻度を下げていく。育成される側も、だんだん、こちらがミーティングで確認する内容を予測して、自分で自分の仕事の進め方をセルフチェックできるようになるはずだ。

「成長を自動化」させる

セルフチェックができるようになると、集中期間を終えたあとでも、自分で自分の課題を見つけて改善することができるようになり、成長が自動化する。

途中の進捗確認を行わず、課題を与えっぱなしで成果物だけを確認するやり方だと、結局すべてやり直しということになり、大きな手戻りが発生するリスクが高まる。

また、結果だけを見ても、プロセスのどこでズレが生じたのか、本当の課題がどこにあるかが見えない。ＰＤＣＡの頻度が高ければ、本人が抱える課題の所在や思考のクセがよくわかり、それをピンポイントで指摘することができる。

木山も、コンサルタント時代、ある程度自律的に動けるようになるまでの一時期、時間は短時間だったが、毎日朝晩2回、マネジャーと話をしていた。任された仕事の方向性を確認することが主な目的だった。これにより、間違った方向性で、仕事を進めてしまうことを防ぐことができた。

今振り返ると、マネジャーにとっても、高頻度でミーティングを行うことで安心感を持って仕事を任せられたのではないかと思う。

結局、最後の成果物だけを見て、それに対してさまざまな指摘をし、修正を行っても、それは対症療法でしかない。本人が陥りやすい間違いや、考え方のクセなど、背後にある真因がわからないので、次回、同じ間違いをしないようにと思っても、根本治療にはならない。

仕事の進捗を確認し、フィードバックを行うCHECKの頻度を上げることは、リスクを抑えるだけでなく、本人の課題を明らかにして次につなげることにも役立つのである。

仕組みとしての育成

中長期のＰＤＣＡとは？

ここまで、ＢＣＧにおける育成の基軸である、各プロジェクト内での育成方法を紹介してきた。ＢＣＧでは、こうしたプロジェクトにおける育成に加えて、育成される側の各スタッフが目指すべきところに時間をかけて到達していくのをサポートする仕組みが存在する。

これは、プロジェクトごとの短期のＰＤＣＡとは違った、いわば中長期でのＰＤＣＡを回す仕組みである。

この仕組みの根幹になるのは、「半期レビュー」と呼ばれる、半年に1度、コンサルティングスタッフ「全員」について、会社としての状況把握・レビューを行う仕組みである。

そのなかで特に重要なのはＣＨＥＣＫならびにＡＣＴＩＯＮの段階である。状況を正しく理解して、それに適した育成の手を打つのである。

打ち手のなかでもっとも重要なポイントは、育つための環境を用意することだ。どのような環境でも本人の向き合い方によって学べる、というのはその通りであるし、育つ側はそのようなマインドセットで仕事に臨む責任がある。ただし、そうだからといって、育てる側が、そのことを免罪符に、育ちやすい環境（修羅場を含めて）を用意する責任から逃れてよいというわけではない。ここでも両側に責任があるのである。

以下、ＢＣＧにおけるこうした中長期のＰＤＣＡの回し方の概要を紹介したい。まず、重要なＣＨＥＣＫから話を進めていく。

ステップ1 現状把握（CHECK）

ＢＣＧでは、コンサルティングスタッフ1人ひとりに対して、キャリアアドバイザーが任命される。各コンサルタントに対してはプロジェクトマネジャーが、プロジェクトマネジャーに対してはＭＤＰが、キャリアアドバイザーを務める。

各キャリアアドバイザーはそれぞれ複数名のスタッフを担当として受け持つ。

半期レビューに向けてキャリアアドバイザーは、対象の各スタッフが過去半年の間に参画したすべてのプロジェクトのプロジェクトマネジャー、MDP全員から、その人の現状に関する見立てをヒアリングする。

ヒアリングする内容には、強みと要改善点という現時点の状況から、今後どのようなことをやるといいのか、というところまで含まれる。

強み・要改善点については各段階で必要な要素を挙げて、それに基づいて見立てを確認していく。加えて、当人とも面談を行い、当人自身がどのように現状を捉えていて、次にどのように進みたいと考えているのかも確認する。

そのうえで、その時点での当人に対する現状の見立てならびに育成方針のプランを作成する。

ステップ2 集中討議（CHECK／ACTION／PLAN）

準備された資料に基づき、コンサルティングスタッフの段階別にキャリアアドバイザーが、著者が過去に務めていた育成責任者と、各スタッフの次の半期に向けた育成ポイントを議論する。これは1人ひとりについて議論を行うため、大変長い時間がかかる（プロジェクトメンバークラスであれば1日ではとても終わらず、2024年時点では半年に1度、

8回に分けて議論を実施している)。

このなかで、キャリアアドバイザーが自分の担当のコンサルティングスタッフについて、強みと要改善点、前回からの進歩、現状の本人の認識、今後に向けて積むべき経験、本人の適性に基づく方向性などについて説明をしたあと、ほかの参加者から質問や反論が出され、各スタッフについて詳細に議論していく。

ちなみに、この議論では、評価する側も、育成者としての人の見方や見識を問われるため、真剣勝負である。

そのうえで、次の半期はどのようなことを行うべきかを、当人にやってほしいことと、オフィスとしてやるべきことに分けて定めていく。

当人にやってほしいことについては、次のステップ③で示すように、キャリアアドバイザーが半期レビューのフィードバックのなかで本人に伝え、対話をする。

一方、オフィスがやるべきこととは、誰と働かせるのか、どのようなテーマのプロジェクト(ないしはプロジェクト外のタスク)を経験させるのか、などを決めることである。

このような半期レビューでの結論は、次の半年間のプロジェクトへの配属に活かされていく。これらの点を織り込んで、当人の次の半年間のオフィスとしての育成目標や検証ポイント（ＰＬＡＮ）を定めていく。

ステップ3　実行（ＤＯ）

半期レビューでの結論として挙げられた強みや要改善点、本人にやってほしいことなどは、キャリアアドバイザーが本人にフィードバックする。加えて、現在一緒に働きながら育成しているマネジャーにも伝達され、その後の日々の育成に活用される。

こうしたポイントは、マネジャーにとっても短期のＰＤＣＡを回していくうえでの有効なサポートになる。

さらに、対象者1人ひとりの半期レビュー結果が、プロジェクトやそのほかのタスクの配属検討機関にも伝達され、実際のプロジェクト配属において考慮され、実行される（もちろんその時点で存在するプロジェクトの種類や、お客様の要望、プロジェクトのニーズなどもあるので、すべてがその通りになるわけではないが、極力、半期レビュー結果を活かせるように配慮されている）。

そのうえで、各プロジェクトにおいて、各スタッフがきちんと育つように短期のＰＤＣＡを回していくことになる。そしてまた次の半期レビューを迎え、それまでの半年を振り返り、次の半年に向けた育成プランを練っていくことでＰＤＣＡのサイクルが1周回るのである。

中長期のＰＤＣＡの効果

短期のＰＤＣＡである現場でのＯＪＴが育成のベースであることは間違いないが、それと中長期のＰＤＣＡとが組み合わせられると大きな効果を発揮する。働く相手の組み合わせを変えたり、働くテーマを変えたりすることで一気に成長が加速する例が多数存在する。

また、特定のタイプの経験をしっかり積ませることで、人にない「尖り」を身につけることができた例もある。

ただし、短期のＯＪＴが回っていない場合や、育つ側に正しいスタンスがない場合には、いくら中長期のＰＤＣＡで異なる経験を積ませても、育成につながらないことは留意点として付け加えておく。このような場合は、必要条件を揃えることが先決である。

ここまで中長期のＰＤＣＡのやり方や効果について解説してきたが、一方で、実行には膨大な工数がかかり、ご自身や自社ではできないと思われた方もいるかもしれない。お察しの通り、ＢＣＧでも事前準備や当日の議論、議論後のフォローに、膨大な時間を投入している。それでも、ビジネスの基本である「人」を育てるためには費用対効果の合う投資と考えて長年継続してきている。

ＢＣＧは社員が数千名、数万名いるような大企業に比べれば規模が小さいから、またプロジェクトベースだからできる、とお考えの方もいるかもしれない。

確かにＢＣＧの日本の組織は千名規模の体制であり、またプロジェクトベースで動いている。そのため、「全員」一括で半年ごとに対応することが容易だという面はあると言えよう。

しかし、社員数が非常に多い会社でも、部門単位でやる、特定の階層以上を対象に行う、それを組み合わせる、といった具合に実行することは可能であると考える。

また、「半年ごとに全員」が難しければ、少なくとも異動のサイクルでは、員数合わせにとどまらない、育成に主眼を置いた検討をする、あるいは、これまで目立たなかった人材についても議論をする、といった工夫はできるのではないだろうか。

組織として中長期のＰＤＣＡの仕組みを作って進化させていくことは、育成に向けてきわめて有効なレバーである。読者の皆さんの会社でも、中長期のＰＤＣＡの使い方について一度考えてみてはいかがだろうか。

まとめ

☑ 育てるのが下手な人は、「原因他人論」に陥り、育成と成果のトレードオフを言い訳にしがちである。育つ側に自己責任を求める以上、育てる側も自己責任であることが当然。

☑ 育てるのが上手な人とは、育成対象に正しいマインドセットや正しい目標設定・自己認識を持たせることが上手な人（第1章、第2章の方程式を参照）。

☑ そのためには「徹底的に質問」し、「正しく任せ」「モチベーションをマネジメントする」ことが重要。

☑ あとはその状況が続くように短期と中長期のPDCAを回すことで継続的な育成が可能。

第5章

育てる人も育つには

前章では、「育てる側」が「育て上手」になるための秘訣を、BCGでの具体的な人材育成の手法を参照しながら紹介してきた。本章では、さらに「育てる側」であるミドル人材が「育つ」うえでの成功の方程式についても触れることとしたい。

具体的には、まず原著では十分に触れていなかった「育てる」ことが「育つ」ことにつながる（逆に言えば、自分自身が成長する姿勢で育成に向きあわなければ、人を「育てる」うえでも十分に成果をあげることができない）という関係性を確認する。そのうえで、「育てる」プロセスを超え、組織の中堅／中核人材として「育つ」ために新たに意識すべき、**成長の方程式③「己を知り、他者を知る」**を紹介する。

なお、原著同様に、今回紹介する内容も著者らの経験に基づくものであり、必ずしも理論的な裏付けがあるわけではなく、すべての要素を網羅したものではないという点についてはご了解いただきたい。

また、この場を借りて、原著が刊行された2015年以降、著者らが「育つこと」についての考察をさらに深めるうえでの貴重な示唆を与えてくれたクライアント各位、友人、そしてBCGの同僚に感謝したい。

大前提 「育てる」ことが「育つ」ことにつながる

ＢＣＧには「Grow by Growing others（他者の成長を助けることで自らも成長する）」という考え方がある。これは「Unlocking the potential of those who advance the world」という、ＢＣＧの企業としての存在意義をまとめたステートメント（＝Purpose）を実践するうえでの５つの原則の１つだ。

これの意味するところは、クライアントや同僚、幅広いコミュニティが可能性を最大限に発揮して成功をおさめられるように能力の構築・向上を支援することが、ＢＣＧという企業の成長、そしてＢＣＧの社員１人ひとりの成長につながるという思想である。

クライアントや同僚の成長が、ＢＣＧという企業体の成長につながるというのは直観的にも理解しやすいのではないかと思い紹介したが、本書の中心テーマである個人の成長からは趣旨が外れるので、詳述は控えさせていただく。

他方で、他者の成長を助けることがなぜ自分自身の成長につながるのかという点については、著者らの考えを少し述べさせていただきたい。

思考と体験の体系化／言語化——育てることが育つことにつながる理由①

第4章で、育成する側ができる工夫の1つとして、仕事を「分解」し、どこまで任せるかを考えるというアプローチを紹介した。

言うまでもないことであるが、これを実行に移すうえでは、前工程で自分の思考や体験の体系化と言語化ができていることが必要となる。どんなに仕事ができる人であっても、感覚的に仕事を進めている限り、仕事を意味のある形で「分解」することはできないからである。

これは、スポーツや料理、掃除などの日常生活におけるシーンを例にとるとイメージしやすいのではないだろうか。

スポーツがうまい人、料理が上手な人、掃除の段取りがよい人が、必ずしも教え上手だとは限らない。無意識にできていることは、よほど努力して体系化／言語化しない限り、他者が再現可能な形で伝達することはできない。わかりやすく伝えるための準備自体が思考の整理を促し、結果として「育てる側」自身にとっても、仕事における再現性や応用力が高まるというリターンをもたらす。

著者らにとってみれば、こうして書籍を執筆するという行為自体が、自分自身の思考や体験を体系化、言語化することにつながり、それが「育てる力」をさらに強化することにつながっているともいえる。

原点の確認——育てることが育つことにつながる理由②

また、第1章では、「育つ」ためには3つのマインドセット（他者への貢献に対する強い想い、何度もチャレンジを継続できる折れない心、できない事実を受け入れる素直さ）が必要となるということをお伝えした。

人を育てる過程においては、「育つ」と「育てる」が表裏一体の関係性にあることから、「育つ」側のみならず「育てる」側も否が応でも自分自身のマインドセットを再確認することになる。

ところが、実は、これらの3つのマインドセットは大企業での勤務期間が長ければ長いほど、維持するのが難しいという特性を持っている。

組織の役割分担のなかで日々を重ねるうちに、当初持てていた他者への貢献に対する想いは置き去りになっていく。難しい仕事が次々と降りかかってくるなかで何度も失敗を重ね、場合によってはパンチドランカーとなり、あきらめの気持ちが強くなる。年齢と立場が上がるに従って、できないという事実を受け入れるのはどんどん難しくなる。

若手に対してこれらのマインドセットに注意を振り向けることを促す行為自体が、ミドル層にとっては自分自身への警鐘の機会となる。

皆さんの多くも採用イベントなどに関わった際に、自身の入社動機や業務のやりがいなどを熱く語るうちに自分自身のなかで少し過去に置き忘れてきた熱い想いを再確認したという経験がないだろうか。これと同じことが「育てる」過程で、若手に成長の原点となるマインドセットを本気で説くことで再現されるということだ。

異才／異能との出会い――育てることが育つことにつながる理由③

他者を育成するという行為が、他者の同質化を促す行為ではない以上、「育てる」という過程は必ず自分とは異なる個性との出会いという要素を内包する。我々が育てる相手は、確実に自分と異なるバックグラウンド、知識や視点を持つ人が対象となるからだ。

育てる側は、得てして何かを一方的に「伝える」という行為に注意が向きがちだ。しかし、実際の「育てる」という行為には「育てる」側にとっても相応の学びや刺激があることが多い。

著者の1人、木村個人の経験で言えば、プロジェクトで協業することが多いデジタル領域の専門家、マーケティングやブランディング領域の専門家を育てる過程で、彼らの得意とする新領域についての知識を深め、自分とは異なるものの見方を学ぶ貴重な機会を得ることができている。

また、BCGのコーポレートファイナンス&戦略チームのグローバルリーダーとして、ドイツ、アメリカ、インドをはじめ10以上の国籍からなる次世代のリーダーを育てるなかで、文字通り多様な人材と出会った。その経験は、自分自身がグローバル人材として成長していくプロセスそのものだったと感じている。

ミドルにとっての「成長」とは？
——成長の方程式❸「己を知り、他者を知る」

成長＝「目指す姿（ビジネスで成果をあげている状態＝目標）」と「現状（今の自分＝自己認識）」のギャップ（課題）を埋めること、という定義に立ち返るならば、ミドル層にとっての成長は、周囲360度（経営層、同僚、チーム）を動かすリーダーへと進化し、組織としてのパフォーマンスを最大化できるようになることにほかならない。

つまり、成果と成長を語る主語を、個人から組織に置き換えて再定義する必要が生じてくる。これは取りも直さず、

●個人が成長するベースとしての成長の方程式①マインドセット（基本姿勢）＋スキル、成長の方程式②正しい目標設定＋正しい自己認識、

加えて、

●組織で成果をあげるミドルに必要な成長の方程式③「己を知り、他者を知る」、

この3つ目も身につける必要性がでてくるということだ。

「己を（深く）知る」――「内発的動機」を取り戻す

第2章では、個人の成長という文脈における自己認識の重要性に触れた。

これもある意味では「己を知る」ということではあるのだが、本章では、それとは異なる切り口で、ミドル層が組織の成果を最大化するうえで「己を（深く）知る」ことの重要性を再確認しておきたい。

この10年の間に、木山も木村も経験を重ねて、社内でも「育てる側」の育成に関わる機会が増えた。またコーチングやアドバイザリーなどの形でクライアント企業のミドル層～役員層の育成に携わる機会を多くいただいてきた。

そのような経験を通じて強く問題意識を持っているのが、日本のマネジメント層に蔓延する出口のない危機感・悲壮感と、結果としての孤立感・閉塞感だ。

コーチングにおいては、しばしば自分自身のビジョンを言語化するというセッションが実施される。各人が次の3つをそれぞれ列挙する。

「**やりたいこと**（≒寝食を忘れてワクワクして取り組めること）」、

「**やれること**（≒人から褒められることが多い得意なこと）」、

「**やるべきこと**（＝自分として問題意識を強くもっており周囲から求められていること）」

それらの重なるところをビジョンとしてセットすることで、モチベーション高く業務に取り組むきっかけを得ようとするものだ。（厳密には異なるが）世にいうWill-Can-Mustと似たようなフレームワークと理解していただいても大筋は問題ないだろう。

驚いたことに、このとき、経営に近い責任のある立場の人ほど、純粋な「やりたいこと」がなかなか出てこないという傾向がある。場合によっては、「木村さん、私が何をやりたいかというのはこの立場になると、関係ないんです」というご意見をいただいたこともあるくらいだ。

なぜこのような現象が起こるのか。友人の一人と議論するなかで生まれた仮説は、次のようなものだ。

優秀だといわれるミドルの多くは、「やるべきこと」を「やれてきた」という成功体験を持っている。組織のなかで優秀と言われる人ほど、「やるべきこと」をよく理解しており、またそれを人よりもうまく「やれてしまう」。そしてその実績が組織からの新たな期待を生み、その期待に応えねばならないという「責任感」がこの傾向に拍車をかける。

そのパターンを10年、20年と繰り返しているなかで、当初持っていたであろう「やりたいこと」をどこかに置き忘れてしまう…。


ところが、この傾向は、組織のパフォーマンスを最大化できる人材に成長するという観点では、ときに大きな落とし穴につながることがある。やりたいことを我慢して、必要なことを、得意な能力でこなして成果をあげてきた結果、周りにも自分と同様に、やりたいことを我慢して必要なことに取り組む姿勢を求めるようになってしまうのだ。


これは2つの点で問題となりうる。

まず、そもそもこういった方々と同じように使命感（「やるべきこと」）を起点として成果をあげる（ことができる）人は、そもそも少数派であることが多い（だからこそ、それができてきた人が要職についているケースが多い）。そのため、周囲にそのような姿勢を求めても望む結果が返ってこないことも多い。

加えて、それができている本人も、実績が組織に評価されているという充実感の裏側で、「やりたいこと」を我慢しているストレスを抱えていることが多い。

そして、より深刻なのは、それが対人関係においてマイナスに働きかねないということである。

「なぜ周りは自分と同じ危機感を持ってくれないのか」「なぜ自分ばかりが頑張らねばならないのか」という形で、同僚に対する不満が蓄積するとともに、孤立感・閉塞感を強める結果になる。（図5－1）

一度この悪循環に入ると、組織のパフォーマンスは上がっていかない。

ところが、「やりたいこと」を再確認し、「やるべきこと」や「やれること」とのバランスを取り戻したリーダーはどうなるか。実は同僚に対するものの見方が、不満から感謝へと180度転換する。

同僚は、突然、自分がやりたいことを一緒に手伝ってくれるありがたい存在に変わるのだ。この考え方の変化は、組織のパフォーマンスと自分自身の成長に著しい変革をもたらすことが多い。本書のフォーカスはリーダーシップ論ではないので、これ以上の詳細は割愛するが、組織を動かすミドルにとっての成長を考えるうえでは、深い内省を通じた内発的動機の再確認というプロセスが重要な役割を果たすということをご理解いただけるだろうか。

「やりたいことの我慢」が引き起こす悪循環
図5－1

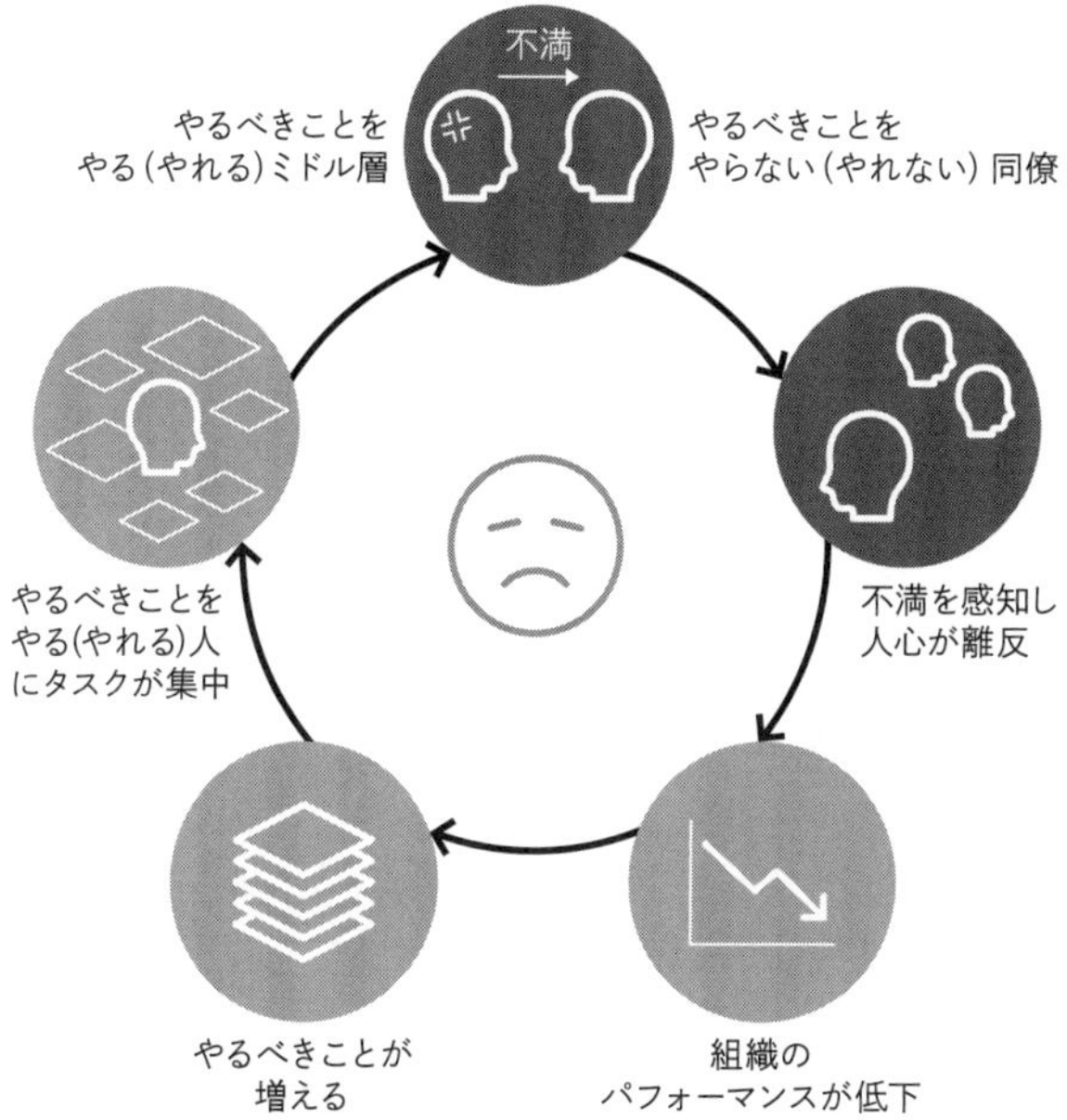

ＢＣＧのＭＤＰは、年に1回、「自分自身が今後3年で何を成し遂げたいのか」を計画として提出することが義務づけられている。

また、プロジェクトマネジャー層についても、3～5年後の自身の姿を想定しながら、何をしていくのかということを考えることが推奨されている。

このプロセスは、自分の「やりたいこと」を思い出す、再確認する、いい機会になっている。責任のあるポジションであれば、自分が「やりたい」だけで物事を進めることはできない。他方で「やるべき」だけを意識して、仕事を選択し続けると、前述した悪循環に入ってしまう。したがって、「やりたいこと」を定期的に確認する機会を持つことには大きな意味がある。

読者の皆さんも、今年の年末年始にでも、

- 長期の目線で自身が「やりたいこと」は何か
- それが自分の仕事として「やるべきこと」とどうつながっているのか
- それをどう自身や自分のチームが「やれること」としてできるのか

を整理し、その結果として何を実際に「やる」のかを決めてみてはどうだろうか。

「やりたいこと」「やるべきこと」「やれること」の3つの要素は、一直線につながることもあるだろうし、そうではなく、3つを重ねるための布石として何かを足さないといけないかもしれない。いずれにしても長期的につながっていくように持っていくことが大事である。

また、考える際には頭のなかで考えるだけではなく、「紙に書く」など言語化、図化することをお勧めする。

これは、言語化・図化することで思考が明確になるとともに、定期的に眺めて、自分の「やりたいこと」や3つの要素のつながりを再確認することにもなるからである。

また、「やりたいこと」と「やるべきこと」がしっかりつながることで、やるべきことへのコミットもさらに高まることが副次効果として挙げられる。（図5－2）

「他者を知る」――「他者への関心」の重要性

組織としてのパフォーマンスを上げるために、ミドルが成長するうえでの必要条件として「内発的動機」と同じくらい重要になるのが、「他者への関心」だ。

これは、組織を動かすうえできわめて重要なレバーとなる「コンテクスト（組織／個人

「やりたいことの再確認」で起こる好循環
図5－2

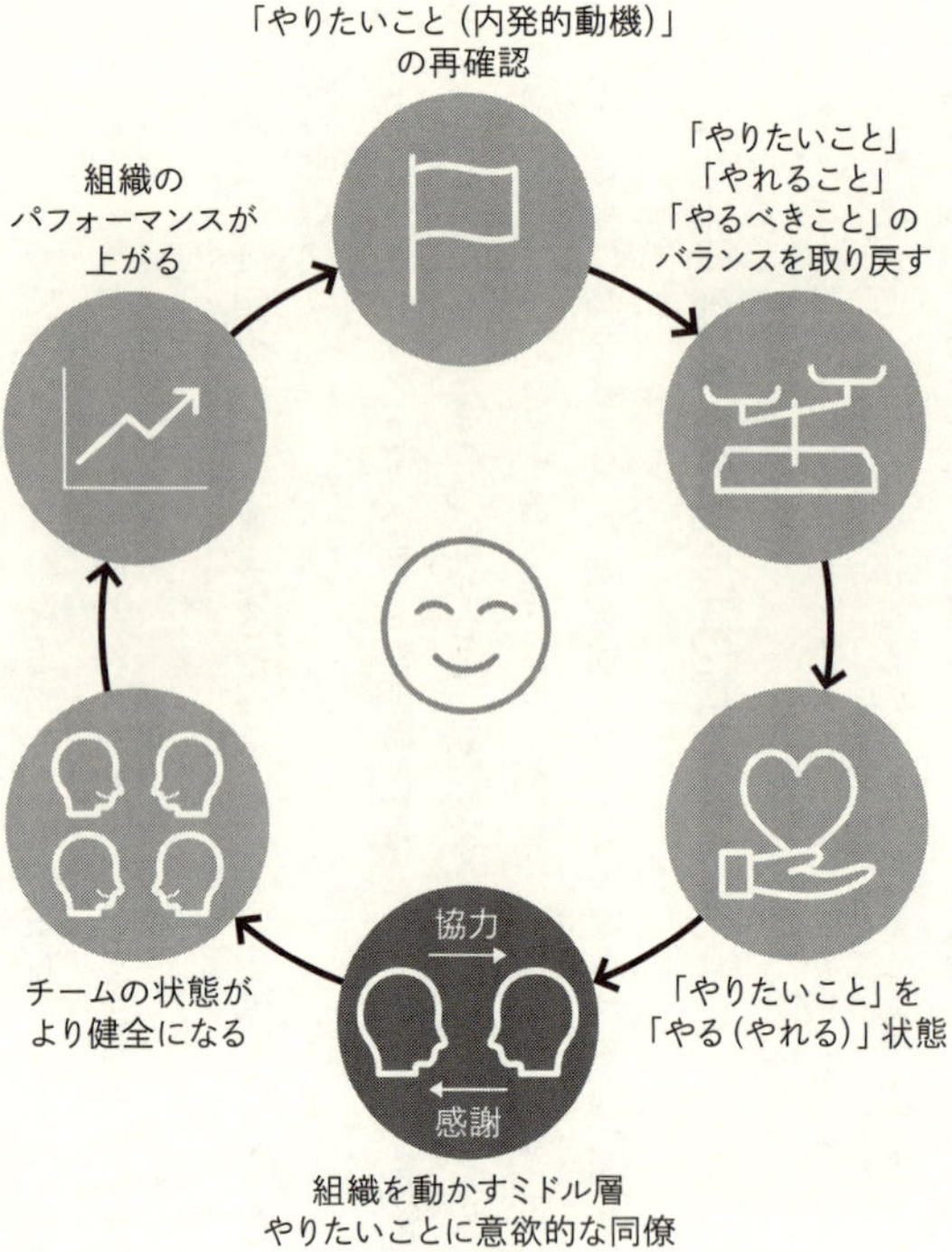

としての意思決定と行動を決める要因）を理解する／つくる」という側面と、「他者の個性を活かす」という側面の2つに作用する。

まず、「コンテクストを理解する／つくる」ことがどう組織を動かすうえでの重要なレバーとなるのか、という点について触れておきたい。

コンサルタントのパフォーマンスは、クライアントが成果をあげることができたかどうか、という相対的な物差しのみで最終的に評価される。クライアントの成果をあげるためには、当然ながらクライアントのコンテクストに適したコンサルティングを提供することが前提となる。

これは、プロジェクトを進めるうえで前提となるクライアントの「コンテクスト」の理解、そして、成果創出に向けた「コンテクスト」の創出が、いわゆる「コンテンツ（課題定義や解決策の内容など）」と同等以上に重要となることを意味する。

BCGは純粋な外部情報のリサーチだけを行う会社ではないので、クライアントという主語を抜きにしたコンテンツのみが求められるプロジェクトはほぼ存在しない。

したがって、BCGのプロジェクトチームにおいては、若手は分析やリサーチを通じたコンテンツの切れ味で、シニアはよりコンテクストに対する深い洞察で価値をつけることとなる。ちなみに世のなかに出回るのは一般解としてのコンテンツとその手法論が中心なので、コンサルティングにおけるコンテクストの重要性が業界の外から十分に理解されているケースは少ない。

一見、正解に見えるコンテンツが、特定のクライアントにとって成果を生むものとなるかどうかは、その顧客のコンテクスト次第となる。コンテクストによっては正解となるコンテンツが変わる、もしくは特定のコンテンツが正解となるには特定のコンテクストの創出が必要となる。

つまり、「コンテンツ」と「コンテクスト」は、組織を動かしていくうえでは主従関係ではなく、動的に相互作用を持つものとして理解しアプローチすることが必要となる。

この「コンテクスト」の重要性は、実はコンサルティングに限った話ではない。ミドル層がクライアント社内を動かしていくうえでも同様のアプローチが求められることはいうまでもないだろう。

指揮命令系統に頼る形で、直接のレポーティングラインに閉じて動かせる範囲など、所詮たかが知れている。よく英語で、Put myself in the shoes of someone という表現があるが、まさにそれで、組織を動かすためには相手の立ち位置に立って景色を見る、つまり相手のコンテクストを理解することが必要となる。

この力を伸ばすことこそが、ミドル層にとって組織のパフォーマンスを最大化するための成長の大きなレバーであり、そしてこの「コンテクスト」に対する深い洞察は、他者への関心を通じてのみ導き出すことが可能となる。

次に、「他者の個性を活かす」ことが、なぜミドル層が成果をあげるうえで重要なレバーとなるのか、についても触れておきたい。

「人材がいない」という経営層・管理職層の悲鳴にも似た声が聞こえるのは、2015年も2024年も変わらない。ただし、よくよく話を聞いてみると「人材がいない」の意味するところは、

「(以心伝心でコミュニケーションが通じ、一人でなんでもできる自分の代わりになるような)人材がいない」、もしくは、

「(会社に必要ではあるが社内にない専門性を持っており、かつ自社の文化を理解してそこに適応してくれるような)人材がいない」

という括弧つきであることが多いのも事実だ。

事業環境が日々変化し、その変化のスピードと振れ幅が増しているなかで、業務の難易度は上がっている。また、チームのなかには従来よりも多様な価値観、専門性を持つ人材が増えているので、マネジャーにもスーパーマン・スーパーウーマンであることへの期待が高まること自体は理解できる。

しかし、現実的にはそんな人材は存在しない（ことが多い）。そして、これに対して、スーパーマン・スーパーウーマンを育てるという解決策を指向しようものなら今後も状況が改善することはない。


実は、ＢＣＧの社内においてもこの10年間で同様の変化が起きている。案件の専門性と複雑性の高まりに伴い、ジェネラリストがなんでもカバーするモデルから、専門家が役割分担をしつつダイナミックにフォーメーションを入れ替えていくという形が増えている。

第2章で、『オーシャンズ11』や『ワンピース』に触れたが、まさにすべてのプロジェクトでオーシャンズ11やワンピースを実践することが必要になっているのである。こうしたシナリオをもっと少ない人数、たとえば3人の登場人物で組み立てようとするのがいかに無理筋かというたとえ話であれば、皆さんご理解いただけると思う。

しかしながら、現実的には「なんとか3人でできないか」「3人でやろうとしているが適任者がいない」「3人でできる人はどうやったら育てられるのか」というような議論が続いている。

ここは、まずは発想を変えて多様な特性を持った人材を（社外からの登用も含めて）柔軟に組み合わせることで成果をあげるというアプローチに切り替えることが必要となる。

その中核としてミドル層が機能するためのカギとなるのが、「他者への関心」を強く持つことで、1人ひとりの個性を見極め、その活躍のしどころを特定することができるようになるということだ。

第4章でも述べた、相手を見て仕事を任せるということの「相手の多様性」が増しているとご理解いただくとよい。

適切な「他者への関心」をどう強めるのか、については、自身の個性や性格を課題の原因にしないほうがよい。そうしてしまうと性格改造のようなことが必要になり、短期的な現実解にはなりにくい。

明日から始めるという視点でいうと、あくまでもアクションの工夫として位置づけ、取り組むべきである。

もちろん生来「他者への関心」が強い方や、何らかの他者との経験のなかから「他者への関心」が強くなった方は、その性格を活かせばいい（これは、自身の癖をどう消し、どう活かすのか、という話と同じである）。

それ以外の方がとりうるアプローチの1つ目は、シチュエーションに応じた自身の思考や行動を定型化することで「他者への関心」を持った状態にすることである。

たとえば、コンテクスト理解でいうと他者が自分とは異なる意見を発した際に、相手はなぜ自分と異なる結論・考えに至ったのかを推測することを自分に課す、などの頭の使い方だ。


多くの人は他者の違う意見を聞いた際に、どう自身の意見の正当性を主張するかに頭を使いがちになる。しかしながら、意見の相違の背後には、なんらかのコンテクスト（最終的な狙い、気にするリスク、当然の前提など）の違いがあることが多い。異なる意見が出てきたときこそコンテクストを理解するための重要な機会になるため、これを活かさない手はない。なぜ相手がそのように考えたのかを想像し続けることで、結果として「他者への関心」が高まった状態に至るのである。

もう1つの「他者の個性を活かす」ための行動・思考としては、自身の同僚・部下それぞれの強み、活躍のしどころについて、紙に落とすということが挙げられる。

人は往々にして他者の弱み、改善点に目が向き、強みには目が向きにくい。しかし、「活かすべき個性」は強みに起因しているため、人の強み、また、その強みが活きる状況・テーマを言語化することは、「他者の個性を活かす」ための準備として適している。

当然のことながら、周囲の人々の強みや活躍のしどころを知るためには、他者の観察、過去の取り組みや評価の理解などが必要になる。したがって、この実践は「他者に関心」を持った状態での行動や思考と同じ成果を生むのである。

このような行動を常態化することで、「他者への関心」を持つことが自然にできるようになる（ないしは、実質的に同じ効果をもたらすことができる）。

「学び続ける状態」をどう維持し続けるか？

「知識・経験」の陳腐化スピードは速くなっている。巷ではリスキルやアップスキルというような表現が流行っているが、大切なのは特定の新しいスキルを身につけることではない。

我々に必要なのは、学び続ける／成長し続ける「姿勢」であり、そういったマインドセット／姿勢を自分自身のなかに維持し続けることだ。成長の方程式③「己を知り、他者を知る」というのは、特定のスキルを指しているわけでも、一過性のアクションを指しているわけでもなく、心持ち／プロセスそのものを指している。

より正確に言えば、「己を知り、他者を知る」努力を続けることこそが成長の方程式ということだ。

その際に意外と有用なのは、仕事の外に自分の時間を持つこと、そのなかで他者とのつながりを深めることだ。

己を知ることも、他者を知ることも、他者との関わりを通じてのみ実現できるし、仕事の外に自分の時間を持つことで仕事における自分の在り方、他者との関係性を客観視するきっかけを得られる。

第3章では「スイッチ〝オン〟の時間を増やす」とお伝えしたが、「育つ」には、自分の在り方や他者との関係性を見つめ直すためにスイッチオフの時間をうまく使うことも重要になるのかもしれない。

まとめ

☑ 前提として「育てる」ということに真摯に向き合うことで、他者を育成しつつ自らも成長するというｗｉｎ－ｗｉｎの形を作りだすことが可能。

☑ ミドル層にとっての成長は、３６０度（経営層、同僚、チーム）を動かすリーダーへと進化し、組織としてのパフォーマンスを最大化できるようになるということ。

☑ その成長を加速するうえでは、世にいうマネジメントスキル以上に、「内発的動機」を取り戻すことと「他者への関心」を高めることがカギ。

☑ 変化が速い時代だからこそ、人とのつながりを通じて「学び続ける状態」を維持できるコンテクストづくりに投資することが重要。

「働く場所」「働く人」「働き方」の変化点

仕事の環境変化への対応

原著が刊行されてからの約10年で、仕事の環境はいくつかの面で大きく変わりつつある。では、そのような変化を受けて育ち方／育て方の基本は大きく変わるのであろうか。

著者らは、やるべきことの本質は変わらないが、その精度や徹底度合いが、より問われるようになると考えている。

さまざまな変化のなかから、以下の４つ

①時短化
②リモートワークの浸透
③人材の多様性の広がり
④デジタル／ＡＩの進化と普及

を取り上げ、日本企業における変化と本書でこれまで紹介してきた内容との関係について解説する。

変化点① 時短化

日本におけるフルタイム労働者の労働時間は、上下動はありつつも継続的に減少してきている。背景としては、政策による労働時間管理の厳格化、共働き世帯の増加、ワークライフバランス重視の価値観の浸透などが挙げられる。

この10年においても大きな潮流は変わらず、また2019年度の労働基準法の改正を受け、各企業で労働時間管理の厳格化が進み、それ以前と比べて、特に若手（非管理職）の労働時間が減少した企業は少なくない。

この傾向が逆転することは考えにくく、今後も企業として必要な付加価値を出し続けるために、時短環境下で人材を成長させつつ、生産性を向上させていくことが必須となる。

コンサルティング業界は長時間労働が常態化し、時短化とは無縁と思われている方もいるかもしれないが、当然ながら社会環境の変化と無縁ではいられない。BCGも、この10年の間に、時間管理を厳格にするとともに、より短い時間でより多くの成果を出せるように、デジタル／AIの活用も含めて仕事のやり方を変革してきている。

そのなかで、人材育成においても、特に「試行錯誤」の時間（貴重な学びの時間である）が限られることになり、より短い時間で、どのように育てていくかが課題になっている。

時短化は、ほぼすべての企業で起きている事象であり、この環境を与件として育て方／育ち方を考える必要がある。このような環境下では、仕事の成果を出すだけで手いっぱいで、育成や学びには時間をかけられないという、仕事の成果と育成（成長）のトレードオフがより発生しやすくなる。

それを避けるためには、育つ側、育てる側、それぞれが成長・育成の基本を徹底することが重要である。特に以下の点を意識するとよい。

育つ側

第3章にある「学びの面積」を増やすことを徹底する必要がある。

つまり、スイッチオンの時間を増やし、時間当たりの学びの効率を上げるということである。そのことによって学びが加速するとともに、仕事の生産性も上がるはずであり、成長と仕事の成果の両立にもつながる。

仕事中は常に学ぶ意識を持ち、周りの仕事にも気を配る、仕事の外でも学びの機会を生かす、よい手本を自分のものにする、自身の行動をリバースエンジニアリングするなど、できることを徹底することが大事なのだ。

育てる側

第4章にある「育成のPDCA」を、より精度高く、より高速で回すことが重要になる。まず仕事を任せる段階から、それぞれの部下の成長段階、タイプに合わせて、任せるということを、より丁寧に行う。そして、頻度高いフィードバックとアドバイスで、仕事のループを短くすることで、短い時間でも学べる、変われる回数をより多くとることが重要である。

あえて失敗させる余裕は少なくなっているが、ここぞというタイミングでは引き続きやってみることをお勧めする。

変化点② リモートワークの浸透

2020年から2022年の新型コロナウイルス感染症蔓延時、特に緊急事態宣言期間に一気に普及が進んだリモートワークは、揺り戻しがありつつも、都市部、大企業・中堅企業を中心に一定程度、定着しつつある。

たとえば、総務省の調査では2023年においても首都圏で3割弱、全国においても15%強の雇用型労働者がリモートワークを実施している。また、東京都のアンケート調査によると2024年3月において都内の4割以上の企業がリモートワークを導入しており、揺り戻しも収まりつつあるとのことである。今後、生産年齢人口が不足していくなかでの人材獲得競争を踏まえると、オフィスワーカーの領域でのリモートワークは定着すると思われる。

BCGにおいても、コロナ期にリモートワークは一般化し、現在もオンサイト（オフィス）とリモートを組み合わせた働き方が定着している。

リモート一辺倒ではなくオンサイトも組み合わせているのは、リモートワークには移動時間の減少、隙間時間の活用などのメリットがある一方で、オンサイトで実際に顔を合わせ、近くに座って働くことによる効果も活かしたいということが背景にある。特に顔を合わせ、近くに座って働くことによる育成効果は大きく、リモートと組み合わせた働き方において育成効果をどう担保するのかは、たとえば以下のような点でＢＣＧにおいても重要な課題である。

●スケジュールされたミーティングだけになってしまうリモート環境下で、オンサイトでは自然に起こるミーティングの合間や移動中などでの何気ない会話による学び、気づきの機会をどう担保するのか。

●直接見ていなくても視界に状況が入ってくるオンサイトと違って、リモートでどうメンバーのそれぞれの状況（何に悩んでいるのかなど）を把握するのか。

リモートワークの浸透レベルは企業や職場環境によって大きく異なるが、部分的には当てはまる方も多いのではないだろうか。加えて、今後もＩＣＴ環境、デジタル技術が進化していくであろうことを踏まえると、オフィスワーカーの領域において、全員が毎日必ず顔を合わせるという状況が続くとは考えにくい。

育つ側

自然体では「見（診）て」もらえていないということを前提において行動する必要がある。リモートであるからこそ、自分の状況をいかに透明性高く、しかもリアルタイムでどう伝えるのかの工夫が必要になる。具体的には、10～15分程度のリモートミーティングを頻度高く設定し、取り組み状況を報告する、などが挙げられる。本編に書いた「任され下手」の特徴である抱え込みは、リモート環境においては徹底的に避けなければならない。見られていない状況は決して楽な状況ではないのである。

育てる側

リモートで失われる学びの機会、気づきの機会をどう提供するのか、がポイントになる。たとえば、リモート状況においてもフリーに話をするミーティングを設定する、オンサイトで顔を合わせる日はできる限り、一緒の場所で働けるよう予定を組む、などが挙げられる。また、本編にある仕事の任せ方についても、もう一段の丁寧さで仕事を分解し、短いサイクルで仕事が回るようにするなどの工夫も必要になる。

変化点③　人材の多様性の広がり

この10年で日本企業における人材の多様化は加速している。わかりやすい例では、東証上場企業における外国籍の社長の数は10人から18人へ拡大。女性管理職比率は9％から2023年には15％に増加（総務省「労働力調査」）。

それ以上に、統計では見えてこない変化として、既存事業のデジタルトランスフォーメーション（DX）、地球温暖化対応、新規事業立ち上げ、海外市場開拓などの経営課題に対応するために必要な、従来型の人材とは異なる専門知識やバックグラウンドを持つ人材への強いニーズが、クライアントとの議論において常に中心的な話題になっている。

また、いわゆるZ世代に関して言えば、2015年には労働人口に占める比率はまだまだ低く1～2％。それが2024年では、15～20％に拡大。2030年代には25～30％にまで拡大する見通しである。

BCGにおいても、2024年現在、クライアント向けプロジェクトのメンバーのうち、グローバルで全体の1／4が、従来のジェネラリストではないエキスパートバックグラウンドの人材となっている。また、女性の比率は全スタッフの約50％に到達し、リーダーシップ層に占める女性の割合も4人に1人に拡大している。加えて、日本においても外国籍スタッフが一定程度いる状態が常態化している。

このような人材ポートフォリオの変化は、人材の育成においてもBCGに大きな変化を迫っている。

●新たなトレーニングの必要性
（相互理解促進、チームマネジメント、Inclusive leadership、語学、日本文化理解など）
●多様なキャリアパスの必要性（望んでいる将来像の違いへ対応）

これはBCGが掲げる「多様性からの連帯」という価値観を本当の競争優位性につなげていくという観点でも、意味のある新たなチャレンジを生み出している。

読者の皆さんの企業の中には、現時点での状況が、BCGほどの体感値にはなっていない企業もあるかと推測する。

ただし、これからの10年を考えると、現状がこのまま続くという想定を持つことは難しい状況であり、育つ側にとっても育てる側にとっても大きな変化となるこのトレンドに備えておくことは重要である。

育つ側

会社が提供する既存の研修プログラムが自分の置かれている状況に合わないということがこれまで以上に増える可能性がある。

また、会社のなかで上司や先輩からもらう彼らの経験に基づくアドバイスも、その多くが自分には当てはまらない内容となるケースも増えるかもしれない。

結果、成長における会社への期待値を減らし、社外のプログラム、ツール、人を活用する形での自立が求められるようになるだろう。さらに、第2章でも述べたが「育つ側」としては、どのような姿を目指すのかを自ら考えることもより重要になる。従来、自社でロールモデルとされてきた姿が、必ずしも自分には合わないということも増えるだろう。

育てる側

人材の多様化に伴い、育つ側が望むキャリアゴールやキャリアパスの多様化に対応することが従来以上に必要になる。「育てる側」にとっては、過去の自分の経験が必ずしも活かせないなかで人材を育成するという、かつてないチャレンジに直面するであろう。

各章で述べてきたやるべきことが変わるわけではないが、より密なコミュニケーションや「育つ側」への深い理解が必要になってくる。また、育てる側個人の努力を超えて、会社としても人事制度と研修プログラムの抜本的な進化が必要となる。

変化点④　デジタル／AIの進化と普及

原著執筆の2015年時点では、クラウドコンピューティングやビッグデータ、IoTという技術が注目されていた程度だ。DXが本格的に企業戦略の中核として認識されるようになったのは、そこから数年後である。またAIについても2016年にAlphaGoがプロ棋士に勝利したことがAIブームの加速要因となり、ここ1年では、企業の現場に汎用の生成AI（ChatGPTなど）が浸透しつつある状況だ。

BCGにおいては、AIを専門としたBCG Gammaというビジネスユニットを立ち上げたのは2018年。その後、2023年にはAIを含めてデジタルに関連するすべてのチームを再統合しBCG Xを組織。AIとデジタルは、BCGのあらゆるプロジェクトに内包される状況になってきている。

結果、BCGの人材育成という観点では、次のようなことが必要となってきている。

● いわゆる「デジタル人材（データサイエンティストなどを含む）」をBCGのプロジェクトのなかで活躍できる形に育成すること
● ジェネラリストに対して一定の水準までデジタルやAIの知見を引き上げること
● バックグラウンドが大きく異なる多様な人材がチームを組んで働くうえでのマネジメント能力を身につけること

また、従来コンサルタントのスキルと考えられていたものの一部（リサーチ、分析、資料作成など）が、AIや生成AIを利用することでコモディティ化する流れのなかで、その対応と同時に、コンサルタントの付加価値の再定義を行う動きが生まれつつある。

同時に、人材育成を担うPeople Teamでは、トレーニングプログラムの企画実行におけるAI／生成AIの活用、キャリアアドバイザーの業務効率を支えるツールの開発などに積極的に取り組んでいる。

日本企業の多くにおいては、デジタル人材と既存人材が融合したワークスタイルの導入や、人材育成におけるＡＩ／生成ＡＩの本格活用はこれからという状況かもしれない。

他方で、この先の10年という時間軸で見れば、企業経営、および事業運営の実態は技術革新を通じて現在とは大きく異なる形となっている可能性がきわめて高い。

この傾向が逆転することはないということと、ここへの取り組みが競争戦略上も成否を分けることになるであろうことは、はっきりしており、備えは必須である。

育つ側

デジタル／ＡＩを使いこなすためのスキルを一定程度身につけていくことは避けられない。ただし、それはスキルマニアとして新たなスキルを追いかければよいということではなく、あくまでも従来の「読み書きそろばん」に新たなテーマが加わりつつあるという位置づけで理解しておくことが重要である。

また、デジタル／ＡＩツールが入ることで付加価値の所在が変わるため、自身が付加価値を出すためにどのような能力を伸ばすのかを再考する必要もあるだろう。

育てる側

育てる側の1人ひとりとしては、やるべきことは大きく変わらないはずだ。ただし、デジタル／AIツールが導入されることで働き方が変わるため、過去の自分の経験をベースとした育成アプローチは従来以上に通じにくくなるだろう。相手の状況に応じて可能性を引き出す的確なアドバイスをどう授けることができるか、求められる技量はより一層高くなることは間違いない。

また、企業としては、それぞれの職場で新たなツールを入れて効率が上がるなかで、失われるきわめて重要なスキル・技能がないか、あるとするとそれをどう補うかの検討が必要になる。さらに、効率が上がった新たな状況に合わせて、各人材が付加価値を発揮でき、成長できるように組織を再編することなども求められるであろう。

エピローグ

育成手法は進化し続ける

ここまで、ＢＣＧの育成における3つの方程式と、育成される側、育成する側のそれぞれで実践可能な工夫について、5章にわたり紹介してきた。

第1章では、スキルの前提となるマインドセット（基本姿勢）が重要であること、第2章では、正しい目標設定と正しい自己認識が成長の前提条件として必要であることをお伝えした。こうした考え方の裏には、大地に根がしっかりと張っていないと大木は育たないという、ＢＣＧの人に対する強い思想が存在する。

第3章と第4章は、限られた時間のなか、人材育成を成功させるうえでの取り組みについて、ＢＣＧ内においても暗黙知であった内容を、「育つ側」「育てる側」のそれぞれの視点に分けて形式知化を試みた。

さらに今回、第5章として「育てる側」のミドル層も「育つ側」であるという観点で、ＢＣＧ内外の次世代経営層育成などに携わるなかでの気づきを言語化した。

最後に、補論としての巻末付録で、この10年間で「働く場所」「働く人」「働き方」が大きく変わっていることを踏まえて代表的な変化点についての考察を整理した。

これらの内容は、文章にしてみると、「当たり前」の話が多い。

しかしながら、10年の時を経て、改めて凡事徹底の難しさに驚愕の念を覚える。

- 「当たり前」のことを徹底して実践すること
- それを長期にわたってしつこく継続していくこと
- その営みを組織全体に文化として定着させ、ゆるぎないものにしていくこと

これらは、いずれも簡単ではない。

実際に原著を読んだ方からも「この本には『当たり前』と思えることも多く書かれているが、それを日々頭において、徹底実行するのは大変だ」という感想もいただいている。

ある経営者の方との会話のなかで、次のようなお話を伺ったことがある。

「やろうと決めたことが実践されない理由は3つ。（本音では）やる気がないか、ハウツーがないか、リソースがないかだ」

20年前に聞いた話であるが、非常に的を射た考察として今でもよく記憶している。そういう意味では、今回ご紹介したのはあくまでも人材育成の基本的な考えと、まだまだ発展途上のハウツーである。

加えて、事業環境、職場環境はこの10年間も大きく変化してきたが、次の10年の変化はこれまでの10年の変化よりも大きなものになることは間違いないだろう。それは事業環境の変化に合わせて、当たり前のこと、凡事を徹底するための工夫自体を、今後とも常に試行錯誤して、進化させていく必要があるということを意味している。

補論では変化への対応について述べたが、こちらは今後の変化に対応する際に考えるべきことの参考にもなるかと思う。

ＢＣＧにおいても、もっともっと高い次元に向けて、情熱を高め、方法論を磨き、全員で育成に力を入れていかなければならないと感じている。著者らは、「育つ側」「育てる側」の双方が緊張感を持って刺激し合い、また尊敬し学び合うことで、１人ひとりの可能性が花開く職場を実現していきたいと思っている。

今回は、書籍化という形でＢＣＧが目指す育成方法について言語化する機会をいただいた。ＢＣＧにおける人材育成の考え方を十分ご理解いただけるようお伝えできただろうか。ほかの業界の読者にとっても「育つ側」「育てる側」としての実践に役に立つものとなっていることを祈るばかりだ。

謝辞

本書の出版、ならびに日経文庫版の刊行にあたっては多くの方々に大変お世話になった。まず、日頃、経営の最前線でお手伝いさせていただいているクライアントの皆様からの数々の示唆や叱咤激励が私たちの大きな力となり、本書にも随所に活かされている。また、原著出版後にクライアントの皆様からいただいたコメントも改訂にあたって参考にさせていただいた。

日経BPの野澤靖宏さん、赤木裕介さん、志摩麻衣さんと、ライターの大井明子さんには、本書の実現に向けさまざまなご支援をいただいた。

ボストン コンサルティング グループで、私たちに温かくかつ厳しく、多くの機会や助言を与えてくれた先輩方、ともに切磋琢磨してきた同僚や後輩たち、人の育成に情熱的に取り組んでいる人事・人材チームの仲間たち。本書で紹介した成長や育成の考え方と方法論は、こうした多くの人たちの努力や工夫の積み重ねによりつくり上げられたものであり、日々進化し続けている。

エディターの満喜とも子さんには編集・進行を助けてもらった。秘書室の久須美志保さん、伊豫田未来さん、浜田杏奈さんにはスケジュールのやりくりなどさまざまなサポートをしてもらった。

お世話になった皆様に、この場を借りて心より御礼を申し上げたい。

本書は２０１５年11月に日本経済新聞出版社から刊行され、
２０１８年に日経ビジネス人文庫として刊行した
『ＢＣＧの特訓　成長し続ける人材を生む徒弟制』に
一部加筆・改訂したものです

BCG 概要

ボストン コンサルティング グループ（BCG）

BCG は、ビジネスや社会のリーダーとともに戦略課題の解決や成長機会の実現に取り組んでいる。1963 年に戦略コンサルティングのパイオニアとして創設され、今日では、クライアントとの緊密な協働を通じてすべてのステークホルダーに利益をもたらすことをめざす変革アプローチにより、組織力の向上、持続的な競争優位性構築、社会への貢献を後押ししている。

グローバルで多様性に富むチームが、産業や経営トピックに関する深い専門知識と、現状を問い直し企業変革を促進するためのさまざまな洞察を基にクライアントを支援している。最先端のマネジメントコンサルティング、テクノロジーとデザイン、デジタルベンチャーなどの機能によりソリューションを提供する。

日本では、1966 年に世界第 2 の拠点として東京に、2003 年に名古屋、2020 年に大阪、京都、2022 年に福岡にオフィスを設立。